세일즈 혼

성공은 시간이 아니라 깊이다

세일즈 혼

최우형 지음

魂

더난출판

프롤로그

최고의 세일즈맨은 어떻게 탄생하는가

21기 학군사관(ROTC)으로 임관하여 1985년 중위로 제대한 뒤 보험업계에서 첫 직장 생활을 시작하여 어느덧 33년의 시간이 흘렀다. 그간의 보험업계 생활은 매일매일 성공의 드라마를 써내려가는 치열한 승부사로서의 여정이었다고 해도 과언이 아니다.

지나고 보니 보험이라는 무형의 상품을 판매하는 것은 지구상에서 가장 힘든 세일즈 중 하나가 아닌가 생각되기도 한다. 그러나 그렇기 때문에 가장 매력적인 직업이기도 할 것이다.

나는 다음의 여섯 가지 성공 원칙 중 네 가지 이상만 해당되어도 세일즈업에서 성공할 확률이 높다고 생각한다.

첫째, 자신을 긍정적으로 생각하는 사람은 반드시 성공한다.

둘째, 자신과의 약속을 지키는 사람은 반드시 성공한다.

셋째, 자신의 성실성과 꾸준함을 유지하는 사람은 반드시 성공한다.

넷째, 자신이 정해놓은 목표를 달성하는 습관을 가진 사람은 반드시 성공한다.

다섯째, 자신을 믿고 항상 자신감 있게 도전하는 사람은 반드시 성공한다.

여섯째, 자신의 비전을 위해 끊임없이 자기계발을 하는 사람은 반드시 성공한다.

세일즈업은 겉보기에는 남을 설득해야 성공하는 직업인 것 같지만, 이 일에 대해 깊이 알게 될수록 세일즈야말로 고객을 설득하는 일이 아니라 자신과의 싸움에서 이기는 일이라는 것을 알게 된다. 자신과의 싸움에서 이길 때 고객 또한 나를 단순한 세일즈맨이 아니라 인생의 파트너이자 지원자로서 인정하고 받아들여주는 것이다.

내게 보험업계에서 일한 지난 33년 가운데 언제 가장 행복했냐고 묻는다면, 자신의 일에 모든 열정과 에너지를 집중하며 매일매일 고객과 가족의 미래를 위해 헌신한 자랑스러운 동료들과 함께했던 시간을 꼽을 것이다.

회사 시상식에서 우수한 후배들의 가슴에서 우러나온 진솔한 이야기들을 들을 때마다 그들이 성공 스토리를 써내려가기 위해 보낸 인고의 시간들이 파노라마처럼 머리를 스치면서 나도 모르게 눈시울이 붉어지곤 한다.

이 책은 단순히 세일즈를 잘하기 위한 지식이나 스킬을 정리한 책이 아니다. 33년간 보험업계에서 위대한 세일즈맨을 탄생시킨 경험의 집대성이자 동시에 세일즈 리더들의 혼을 정리한 책이기도 하다. "위대한 세일즈맨의 뒤에는 항상 위대한 리더가 있다!"

이 책은 위대한 세일즈맨은 리더의 위대한 정신에서 탄생한다는 것을 33년간 몸으로 느끼고 실천했던 내 모든 경험의 기록이다. 이 책을 통해 그 경험과 정신을 후배들과 나누기를 진정으로 소원한다.

최우형

차례

PART 2 마찰계수가 클수록 성공에 가까워진다

PART 3 열정은 우리를 세상으로 인도하는 손길

PART 4 변화하지 않으면 변화당한다

PART 5 목표가 없다면 갈 곳도 없다

PART 6 말은 천년의 원망, 천년의 원수를 만든다

PART 7 비전이 방향을 제시한다

PART 1

태도가 위대함을 창조한다

성공하는 조직의 세 가지 원칙

피터 드러커는 성공하는 조직이 되기 위해선 학습하는 조직, 긍정적인 조직, 자발적인 조직이 되어야 한다고 말한다. 학습하는 조직은 일반 조직과 비교해 3배 이상의 생산성을 창출하며, 긍정적인 조직은 6배 이상, 마지막으로 자발적인 조직은 무려 36배 이상의 생산성 격차를 나타낸다는 것이다.

그러나 자발적인 조직을 만드는 일이 그렇게 쉽지만은 않다는 것이 문제이다. 조직은 살아 움직이는 생명체와도 같다. 조직을 잘못 이끌면 죽은 조직이 되기도 하고, 온갖 정성을 쏟아 적합한 환경을 만들어주면 최고의 조직으로 성장하기도 한다.

자발적으로 성장하는 조직을 만들기 위해서는 구성원의

선발부터 교육과 육성 그리고 관리까지 모든 과정이 철저하게 이루어져야 한다. “제대로 지어진 건물에는 반드시 빈틈없는 설계도가 있다”는 말처럼, 제대로 된 조직에는 반드시 성공의 핵심 원칙이 있다.

성공하는 조직을 만들기 위한 원칙은 크게 세 가지로 나눠볼 수 있다.

첫째, 인격을 갖춘 직원을 선발해야 한다. 오로지 회사의 목표 달성을 위하여 자질이 미달되는 세일즈맨을 엄선된 기준도 없이 선발한다면, 처음 몇 달 동안은 실적이 올라갈지 몰라도 그 이후에는 부실 판매로 인한 고객의 불만과 민원 때문에 회사의 대외적인 가치가 땅에 떨어질 것이다. 세일즈맨의 수준은 곧 그 회사의 수준이다.

훌륭한 인격을 갖춘 세일즈맨은 간혹 기대보다 실적이 다소 부진하더라도 평상시 중간 이상의 수준을 유지한다. 그러나 인격이 제대로 정립되지 않은 세일즈맨이 과도한 영업 실적을 나타낸다면 언젠가 반드시 그 부메랑이 돌아와 고객과 회사에 엄청난 재산적, 정신적 손실을 끼치게 된다. 그러므로 세일즈맨의 인격과 영업 실적은 항상 균형 잡힌 상태를 유지해야 한다.

둘째, 전문가를 양성하는 철저한 시스템이 수반되어야 한다. 한 신인 음악인을 발굴하는 선발 대회에서 주어진 시간 내에 자신의 기량을 제대로 발휘하지 못한 후보자에게 심사위원이 이렇게 질문했다. "음악으로 다른 사람과 소통할 자신이 없다면 왜 음악을 하는 거죠?"

나는 이 심사위원의 질문에 적잖이 충격을 받았다. 자신이 하고자 하는 음악에 대한 전문적인 실력과 자신감이 겸비되지 않는다면 관객과 호흡하고 소통할 수 없다는 이 말은, 비단 음악인뿐만 아니라 전문적인 세일즈맨에게도 중요한 의미를 지닌다. 전문가를 양성하고 발전시켜나가는 것은 백 년을 이어온 유명 식당의 고유한 음식 비법과도 같은 것이다.

자질을 갖춘 세일즈맨 후보자를 선발하고 이들을 성공으로 이끄는 시스템은 다음과 같아야 한다.

Step 1 후보자의 꿈과 니즈(needs)를 정확하게 파악하라.

Step 2 후보자에게 맞춤형 솔루션과 깊이 있는 조언을 제공하라.

Step 3 후보자에게 정확한 미래의 비전을 심어줘라.

Step 4 후보자가 스스로 세일즈업을 선택하도록 도와줘라.

Step 5 엄선된 후보자를 도제식으로 철저히 교육, 육성하라.

Step 6 교육된 내용을 실천에 옮기도록 관심을 가지고 지원하라.

Step 7 지속적인 업적 향상이 이루어지도록 집중적으로 동기 부여와

피드백을 제공하라.

일단 인격적으로 훌륭한 세일즈맨을 선발하면, 그 후보자는 입사 후 세일즈맨으로서 더욱 큰 비전을 이루고자 학습 능력과 실무 능력을 키우기 위해 자발적으로 노력하게 마련이다. 무엇을 하든 자발적으로 하는 것만큼 효과적인 방법은 없다.

셋째, 어떤 일이 발생하면 단호하게 대처해야 한다. 조류 독감이 발생할 때 아직 살아 있는 닭이나 오리까지 살처분하는 이유는 조류독감 병원균의 전염 속도가 대단히 빠르기 때문이다. 전염성이 강할수록 더욱 강하고 담대하게 대처해야 하는데, 조직 문화도 마찬가지이다.

조직에 부정적이고 악영향을 끼치는 사람을 그대로 내버려두게 되면 모든 사람이 불행해진다. 리더는 눈치만 살필 것이 아니라 즉시 단호하게 매듭을 지어야 성공적인 조직 문화를 유지할 수 있다. 성공적인 조직 문화는 꾸준히 돌보는 리더의 노력이 있어야만 지속가능하다. 조직 전체가 행복하려면 리더가 먼저 정원을 가꾸듯이 주변과 자신을 정성껏 돌보아야 한다. 그렇지 않으면 조직은 금방 황폐해질 것이다.

핵심 가치가 150년을 좌우한다

수년 전 미국 출장 중에 지인이 근무하는 뉴욕생명보험의 한 지점에 방문할 기회가 있었다. 뉴욕생명보험은 150년 이상의 역사를 가진 유서 깊은 보험사이다. 뉴욕 맨해튼의 한가운데에 위치한 지점에선 한 층에 150명이 넘는 보험 에이전트가 근무하고 있었는데 마침 내가 방문한 날 아침, 지점장이 전체 미팅을 주관하고 있었다. 150년 역사를 가진 미국의 생명보험사 지점의 아침 미팅은 어떻게 시작되는지 자못 기대가 되는 시간이었다.

아침 미팅은 지점장이 연단에 서서 팀 소속 에이전트 한 명 한 명의 출석 상황과 그날의 활동을 점검하며 가장 기본적인 부분들을 체크하는 것에서부터 시작되었다. 내게는 이러한 미팅이 적잖은 충격으로 다가왔다. 요즘 한국의 에이전트들에게서 기본이 무너져 생기는 부작용을 종종 보게 되는데, 150년 역사의 생명보험사가 기본에 충실한 것을 보니 많은 생각을 하지 않을 수 없었다.

보험업의 본질은 매일 꾸준히 고객을 만나서 고객이 원하는 니즈를 파악하고 이를 바탕으로 재정 설계를 하여 완벽한 보장을 이루도록 지원하는 것이다. 즉, 리스크를 대비하여 미래에 완벽한 재정적 보장을 이루도록 돕는 것인데, 이러한 체계를 이루기 위해서는 매일 가망 고객을 찾고, 상담하고, 계약을 체결하는 사이클을 완성하지 않으면 안 된다. 보험업은 기본 사이클의 구축 없이는 이룰 수 있는 것이 아무것도 없는 비즈니스인 것이다. 이 같은 콘셉트를 정확히 이해하지 못할 경우 에이전트의 중도 탈락은 불 보듯 뻔한 일이다.

기본을 지키는 것이 바로 최고가 되는 길이다. 그러나 현장에서 항상 기본을 지키기란 대단히 어려운 일이다. 고객을 감동시키는 것도 늘 이 기본에서부터 출발한다. 세계 최고 기업들은 공통적으로 고객을 감동시키는 일에 집중한다. 이것은 시장을 지키는 가장 기본적인 기업 정신 중 하나이기도 하다.

기본을 지키는 기업 정신은 CEO나 임원 몇 명이 선도한다고 해서 계승되는 것이 아니다. 전 직원의 관심이 고객 감동에 집중되어야 한다. 단순히 일회성 사내 캠페인이나 팀 경진으로는 이룰 수 없으며 기업 문화로 정착되어야만 가능하다. 그럴 때에야 비로소 기업의 문화와 정신이 살아 움직이게 되며 시장에서 존경받는 최고의 기업으로 성장할 수 있다.

세계적인 기업 중의 하나인 듀폰은 1802년 화약을 만드는 회사로 창업하여 1920년부터 화학 제품과 에너지 산업 분야에 진출한 이후 현재는 다양한 사업을 하는 복합 기업으로 성장했다.

그러나 거대 복합 기업으로 성장한 지금도 듀폰은 화약을 다루던 초창기 때의 기업 정신, 즉 안전을 최우선으로 하며 철두철미하게 리스크를 관리하는 기업 정신을 여전히 이어오고 있다. 듀폰의 위기 관리 및 대응 능력은 전 직원의 일상생활 속에서까지 엿볼 수 있을 정도로 생활화되어 있다고 해도 과언이 아니다.

듀폰의 인사 담당 부회장과 식사할 기회가 있었는데 그에게 인상 깊은 이야기를 들었다. 한번은 듀폰 임원들이 다른 업체 사람들과 함께 에스컬레이터를 타는 모습을 목격한 적이 있다고 한다. 다들 일렬로 서서 에스컬레이터를 타는데 듀폰 임원들은 모두 에스컬레이터 안전 손잡이 위에 오른손을 올려놓고 있었다는 것이다. 별것 아닌 것처럼 보일 수도 있는 이 장면이 듀폰의 기업 정신에 대해 많은 것을 보여주고 있다는 생각이 들었다. 위기 대응 문화가 직원들의 일상생활 속에 자연스럽게 녹아들어 있기에 기업이 200년 이상 지속되어온 것이다.

어떠한 업종이든 항상 현장에서 기본이 지켜지고 있는지 확인하고 점검해야 한다. 만약 내가 사우나 사장이라고 한다면, 사우나업의 기본인 고객 만족에 대해 항상 생각해야 할 것이다. 사우나에 입장한 모든 고객이 최상의 서비스와 편안함과 쾌적함을 느끼고 있는지 늘 점검하고 보완하는 것이 업무의 기본이 되어야 한다.

그러기 위해서는 사장이 아닌 고객의 입장에서 세밀하게 점검해야 한다. 예를 들어 옷장의 크기와 열쇠, 옷걸이 상태 및 파손 여부, 샤워기 위치나 물줄기 강도, 샤워기의 온도 조절 정도 및 파손 여부, 탕 내부의 청결도 및 수질 상태, 직원들의 서비스 태도, 사우나 내 동선 및 시설 위치 점검 등이 고객의 눈높이에서 시행되고 개선되어야 하는 것이다.

CEO는 모든 해답을 현장에서 고객의 눈높이에서 찾아야 하는 사람이다. 이를 위해 매일 현장에서 하나하나 직접 점검해야 한다. 고객은 항상 최상의 서비스를 받기를 원하며 그럴 권리를 가지고 있다. 현재 만족하지 않는 고객은 나의 미래 고객이 될 수 없다는 사실을 직시해야 한다.

살아 있는 숫자를 만들어라

세일즈 조직을 구축할 때 초기 1~2년은 대단히 중요하다. 이 시기에 최고의 신입 세일즈맨 영입과 건강한 영업 문화 구축에 실패하면 향후 영업 결과로 산출되는 모든 숫자는 죽은 숫자와도 같으며, 이는 마치 쓰레기 더미가 쌓이는 것과 같은 결과로 이어질 것이다.

신입 세일즈맨이 들어오면 어쨌든 1~2년 동안은 영업 실적의 전체 규모가 증가하게 된다. 그러나 신입 세일즈맨이 자신의 입지를 제대로 다지지 못하고 안착에 실패해 3개월에서 1년 이내에 탈락하게 되면, 고객 관리가 제대로 안 되어 대부분의 계약들이 중도 해약되거나 효력이 상실되어 민원으로 이어질 수 있다. 따라서 신입 세일즈맨을 선발할 때에는 그 어느 때보다 심혈을 기울여 처음부터 건강한 조직을 구축해야 한다.

사람의 본성은 20대가 넘어가면 좀처럼 교육으로 바꿀 수 없다. 가장 중요한 세일즈팀을 구축하면서 아무나 뽑아 자신의 영업 철학을 공유하겠다는 세일즈 매니저가 있다면, 그는 조직 구축과 성장의 기본도 모르는 사람이다.

모든 비전을 만들어가는 것은 결국 사람이다. 올바른 사람을 선발하여 제대로 앉혀놓으면 불철주야 노력해 자신의 비전을 이루고자 할 것이다. 그러나 잘못된 태도나 사고를 가진 사람을 입사시켰을 경우에는 새로운 비전은 고사하고 기존의 비전까지 망가뜨릴 수 있다. 이러한 최악의 실수를 범하지 않기 위해서는 처음 조직을 구축할 때 반드시 다음의 열 가지 원칙을 지켜야 한다.

원칙 1 성공의 습관을 가진 후보자를 선발하라.

원칙 2 긍정적인 마인드의 후보자를 선발하라.

원칙 3 상대방을 배려하는 후보자를 선발하라.

원칙 4 시간 관념이 철저하고 약속을 준수하는 후보자를 선발하라.

원칙 5 말과 행동에 겸손함이 묻어나는 후보자를 선발하라.

원칙 6 주변 사람들을 통해 후보자의 성향을 파악하라.

원칙 7 짧은 기간에 자주 이직을 한 후보자는 선발하지 마라.

원칙 8 적어도 1년 이상 지켜본 지인이 아니면 초기 조직에서는 제외하라.

원칙 9 비전과 열정을 공유할 사업가적 마인드를 가진 후보자를 선발하라.

원칙 10 믿고 뽑았으면 최선을 다하여 반드시 성공시켜라.

이 같은 열 가지 원칙을 무시하고 조직을 구축하는 데에만 초점을 맞춘다면 초반 1~2년간은 성장할지 모르나 이후에는 부작용으로 인한 문제 해결에 대부분의 시간과 비용과 열정을 쏟게 될 것이다.

앞서 언급한 열 가지 원칙의 의미에 대해 상세히 살펴보자.

원칙 1 성공의 습관을 가진 후보자를 선발하라.

성공의 습관은 하루아침에 쌓이는 것이 아니다. 습관은 곧 그 사람의 살아온 궤적과 다름없다. 하는 일마다 매번 실패의 연속인 사람은 입사하더라도 이 일 역시 안 되면 그만두겠다는 사고가 무의식적으로 몸에 배어 있을 확률이 높다. 실패의 경험으로 살아온 사람이 아니라 성공의 경험을 통해 자신감이 쌓인 사람을 선발하는 것이 좋다.

원칙 2　긍정적인 마인드의 후보자를 선발하라.

매사 불평 불만이 많고 항상 삐딱한 각도로 문제점만 보려 하는 사람은 언제 어느 곳에서든 그러한 성향을 드러내게 마련이다. 이런 사람이 조직에 들어오면 그 조직은 결국 몸살을 앓게 되고, 조직원들이 모래알처럼 흩어지는 최악의 결과를 맞이하게 된다.

그러나 모든 일에 긍정적인 사람은 주변을 밝게 만들며 조직에 활력을 준다. 이런 사람이 조직에 들어오면 그 사람의 긍정적인 영향력으로 인하여 조직 전체가 단합하고 성장하는 계기가 만들어지기도 한다.

팀 내에서 최고의 실적을 올리는 세일즈맨일지라도 부정적인 성향으로 주변 팀원들에게 악영향을 끼친다면 단호하게 제재하고 개선되지 않을 경우 즉시 팀을 떠나도록 결단을 내려야 한다. 비관적인 성향의 세일즈맨이 지속적으로 영향을 미치게 되면 팀의 비전과 문화 모두 위기를 맞을 수 있다.

원칙 3　상대방을 배려하는 후보자를 선발하라.

상대방을 배려하는 마인드를 가진 사람은 고객에게도 우호적이며, 향후 조직 내에서도 동료들의 단합을 이끌어낼 수 있다. 많은 시간을 함께 생활하는 팀의 특성상 배려심은 가장 중요한 선발 요건 중의 하나이다.

원칙 4 시간 관념이 철저하고 약속을 준수하는 후보자를 선발하라.

세일즈업의 특성상 고객과의 약속은 생명이다. 5~10분 정도 늦는 것을 대수롭지 않게 생각하는 사람이라면 세일즈업에 맞지 않다고 봐야 한다.

약속은 정확한 시간 관리와 자기 통제 능력에 의해 이루어지는 결과다. 따라서 약속을 가벼이 여기는 사람이 팀에 입사하게 되면 미팅과 회의 일정에 차질이 생길 뿐만 아니라 당사자 자신도 입사 후 고객에게 외면받을 확률이 높다. 이런 사람은 사전에 차단하여 시행착오를 만들지 않는 것이 현명하다.

원칙 5 말과 행동에 겸손함이 묻어나는 후보자를 선발하라.

세일즈는 고객에게 단시간의 만남을 통하여 신뢰감을 주고 장기간의 관계를 통하여 믿음을 주는 일이므로, 겸손한 말과 행동은 일의 성공과 실패를 가르는 대단히 중요한 요소이다.

그 사람이 겸손한 유형인지 파악하기 위해서는 장기간의 만남을 통하여 정확하게 관찰할 필요가 있다. 사람의 입에서 나오는 말은 곧 그 사람의 마음이고 인격이다. 즉, 속마음이 나오는 것이다. 어떤 사람의 입에서는 아름다운 칭찬과 찬사의 말이 나오는 반면, 어떤 사람의 입에서는 사람을 해치는 독이 나온다.

원칙 6 주변 사람들을 통해 후보자의 성향을 파악하라.

후보자의 평판은 대단히 중요하다. 몇 시간의 인터뷰만으로 함께 생활해보지 않은 사람을 제대로 파악하기란 불가능하기 때문이다. 잘못된 사람을 뽑게 되면 조직 내에 어떤 일이 벌어질지 알 수 없으므로 사전에 위험을 방지하기 위해서라도 주변 사람들을 통해 신중하고도 세심하게 후보자의 평판을 파악해야 한다. 이러한 평판 모니터링을 등한시했을 경우 전 직장에서의 모든 리스크가 그대로 옮겨 오게 된다는 사실을 명심해야 한다.

많은 리더들이 "전 직장에서는 구성원들이나 환경이 잘 맞지 않았을 수 있다. 전 직장에서의 갈등이 후보자 본인만의 문제는 아니었을 것이다"라고 문제를 가볍게 생각한다. 물론 이 같은 생각이 백 퍼센트 틀린 것은 아니다. 그러나 이런 경우 신중하게 평판 조회를 하지 않아서 생기는 모든 재앙은 세일즈 매니저의 고통으로 남게 될 것이다.

원칙 7 짧은 기간에 자주 이직을 한 후보자는 선발하지 마라.

적어도 1~2년 내에 세 번 이상 이직을 한 후보자는 특별한 상황이 아니고서는 절대로 선발하지 않는 것이 현명한 매니저의 선택이다. 대부분의 사람들이 직장 생활을 하다보면 본의 아니게 20~30년 동안 두세 번, 많게는 네 번 정도 이직을 하게 된다. 이러한 평균적인 이직 횟수는 충분히 이해할 만하다.

한 회사에 입사하여 5~6년 동안 적응하고 성과를 낸 뒤 본인의 능력을 인정받아 다른 회사에 스카우트되어 전직한 것이라면 아무 문제가 없다. 그러나 1~2년 내에 두세 곳 이상의 회사를 옮겨 다녔다면 그것은 그 사람이 여러 가지 리스크를 갖고 있다는 의미로 봐도 무방하다. 이렇게 잦은 이직은 후보자가 자신의 인생을 스스로 진지하게 책임지지 못하고 있다는 반증일 수 있기 때문이다.

요즘 젊은 사람들은 직장을 구할 때 잦은 이직과 다양한 직업 경험이 오히려 도움이 된다고들 말하지만, 이는 하나만 알고 둘은 모르는 말이다. 적어도 한 회사에 들어갈 때는 자신의 인생을 걸고 들어가는 것이므로 자신이 선택한 회사에 대한 스스로의 기준 또한 중요하다. 이러한 선택을 가볍게 여기고 그저 잠시 근무하겠다고 생각한다면 그만큼 신뢰가

가지 않게 된다. 한 분야에서 전문가가 되려면 적어도 5~10년 이상은 그 일에 헌신해야 가능하다. 떠돌이는 절대로 전문가가 될 수 없다.

원칙 8 적어도 1년 이상 지켜본 지인이 아니면 초기 조직에서는 제외하라.

처음 조직을 구축하는 세일즈 매니저들 중에는 일면식도 없는 사람들을 인터넷 구인 사이트나 헤드헌터 명단을 통해 선발하려는 어리석은 부류가 있다. 물론 이러한 선발 과정을 통해 입사한 후보자들 중에도 일을 잘하는 사람들은 있다. 그러나 나는 이러한 방식의 채용은 최대한 배제하고 땀으로 승부를 내라고 말하고 싶다.

자신의 회사를 처음 세운다고 가정한다면 과연 누구를 채용하여 조직을 구축하고 싶겠는가. 당연히 믿을 수 있고 장기적으로 비전을 공유할 수 있는 최고의 파트너와 함께하고 싶을 것이다. 이러한 후보자를 하루아침에 인터넷 사이트에서 발견할 수 있겠는가?

인생을 함께 걸어갈 만한 사람은 마치 잘 발효된 장과도 같아 하루아침에 얻을 수 없다. 일생을 옆에서 지켜본 지인이나 동료, 친구들 중 함께할 사람을 찾아야 하는 이유가 여기에 있다. 초기에 강력한 조직을 구축해야 비전을 제대로 만들어나갈 수 있다. 초기 단계에서 조직 구축에 실패하면 비전은 1~2년 안에 사라지게 마련이므로 이 단계에서는 채용에 신중을 기해야 한다.

원칙 9 비전과 열정을 공유할 사업가적 마인드를 가진 후보자를 선발하라.

세일즈업이 누구에게나 다 적합한 직업은 아니다. 자신의 열정을 바쳐 헌신한 만큼 그에 합당한 소득을 얻고자 하는 사업가적 마인드를 가진 후보자만이 성공을 맛볼 수 있다. 따라서 아무리 믿을 만하고 신뢰하는 지인일지라도 이 일이 적성에 맞지 않을 경우 절대로 합류시키면 안 된다. 세일즈업이 적성에 맞지 않는 지인을 선발하면 오히려 조직을 무겁게 하는 독이 될 수 있다. 지인 중에서도 세일즈맨으로서의 성장 잠재력과 열정, 비전을 가진 후보자를 엄선하여 선발해야 한다.

원칙 10 믿고 뽑았으면 최선을 다하여 반드시 성공시켜라.

앞서 이야기한 아홉 가지 원칙을 통해 세일즈맨을 선발하였다면 이제 세일즈 매니저는 이 후보자들의 성공을 위해 헌신해야 한다. 초기 조직의 성공을 위한 세일즈 매니저의 헌신은 전문적인 트레이닝 프로그램과 스킬에 달려 있다. 이 과정을 얼마나 전문적으로 구축하고 시행하느냐에 따라서 초기 조직의 성패가 극명히 나뉘게 된다.

이와 같은 열 가지 원칙에 기반한 초기 단계의 조직 구축과 헌신은 조직의 향후 10년 비전을 만드는 작업일 뿐만 아니라 성공의 가장 중요한 밑거름이다. 이 과정이 정교하게 이루어질 때 조직에서 나오는 모든 영업 실적은 죽은 숫자가 아니라 살아 있는 숫자로서 새로운 비전을 만들어가는 지표가 될 것이다.

세일즈 매니저는 얼마나 많은 사람들을 뽑을 것인가가 아니라, 얼마나 살아 있고 경쟁력 있는 조직을 구축할 것인가에 초점을 맞추어야 한다. 숫자는 거짓말하지 않는다!

최고는 무엇이 다른가

30년 이상 무수히 많은 세일즈맨들을 성장시키고 함께 일하면서 느낀 점은 각자 자신만의 스킬과 능력으로 성공하는 것처럼 보이지만 결국 그 성공 노하우는 다섯 가지 공통점으로 귀결된다는 것이다.

첫째, 최고의 세일즈맨은 자신만의 자기계발 목표를 가지고 스스로를 스페셜리스트로 만들어간다. 즉, 자신만의 가치를 최대한 업그레이드시켜 경쟁력을 갖춘다.

예를 들면 국제공인재무설계사(CFP) 자격증을 취득하거나, 전문 금융 컨설팅 기법 및 상담 스킬을 습득하고 금융 네트워크를 이용하여 고객들에게 증권이나 펀드 등 다양한 금융 상품을 제공하며, 세무사와 회계사 등의 전문가 네트워크를 구축하여 고객의 재정 및 절세 상담을 도와준다. 또한 대학원에서 실시하는 금융 최고경영자 과정을 수강하여 자신의 가치를 높이며, 대학원 과정을 수강하는 타 업계의 임원들과 긴밀한 인적 교류를 쌓아나간다.

둘째, 최고의 세일즈맨은 절대로 부정적인 언어를 사용하지 않는다. 경기가 어려워도 항상 앞으로 잘될 것이라고 긍정적인 언어를 사용하며, 대화 시에 절대로 타인의 개인적인 정보를 누설하지 않는다. 이 같은 일관되고 긍정적인 언행은 고객으로 하여금 이런 세일즈맨과 함께 있으면 자신도 여러 가지 도움을 받을 수 있을 것이라는 확신을 갖게 한다.

셋째, 최고의 세일즈맨은 셀 마케팅(Cell Marketing)을 통해 서로에게 도움이 될 수 있는 고객을 다섯 명씩 그룹으로 묶어 각자의 업무와 사업에 도움이 되도록 상생의 전략을 도모한다. 고객의 네트워크 확장에 도움이 되는 모임을 정기적으로 개최함으로써 고객 각자에게 상생의 기회를 제공하고, 세일즈맨에게 신뢰와 감사를 느끼게 하는 것이다.

예를 들면 일 년에 두 번씩 고객들을 초청하여 가족 골프대회를 개최하기도 하고, 금융 세미나 마케팅을 통하여 꾸준한 관리를 해나간다. 또한 각 분야의 중심인물(Key Man)을 지속적으로 관리하여 50명, 100명, 500명까지 네트워크를 확장하는 확고한 충성고객 관리 기법을 동원한다.

넷째, 최고의 세일즈맨은 자신과 같은 후배 동료를 배출하여 상생의 영업 전략을 구축한다. 가까운 지인이나 고객들, 지금까지 자신의 성공을 지켜본 사람들 중에서 세일즈업에 호감과 호기심을 보이는 사람을 선발하여 업무 노하우를 전수하고 팀원으로 성장하도록 돕는 것을 게을리하지 않는다. 이러한 팀원들을 20~30명 정도 만들어 자신만의 그룹으로 성장시켜 더욱 큰 비즈니스를 창출하는 위닝 팀(Winning Team)을 만드는 것이다.

다섯째, 최고의 세일즈맨은 항상 초심을 잃지 않고 꾸준한 자기 관리와 고객 관리에 집중한다. 보통 성공한 사람들은 한 분야에서 최소 10년 이상 최선을 다한 사람들이다. 일관된 자세로 고객을 대하고, 고객과 함께 성장하며, 고객을 가족 같은 느낌으로 대할 때 자연스럽게 신뢰가 쌓일 뿐 아니라 고객 스스로 주변 사람들에게 세일즈맨을 소개하고 싶다는 마음을 갖게 된다.

보험 세일즈맨으로서 20여 년 동안 꾸준히 역량을 발휘하고 있는 한 후배는 요즘 고객들로부터 더 많은 사람을 소개받아 추가 계약을 체결하고 있다. 그는 최근에 1~2년 정도 보험회사를 다니다 그만둔 다른 세일즈맨들의 계약 건을 회사로부터 이관받아 고객을 방문하고 있다.

그가 해당 고객을 찾아가면 처음에는 매우 화를 내며 무책임하게 그만둔 이전 세일즈맨들에게서 느낀 불신과 불만을 토로한다고 한다. 그가 고객의 화를 진정시킨 후 몇 가지 보험 안내와 인간적인 상담을 하다보면 고객이 먼저 몇 년이나 회사를 다녔냐고 물어보는데, 이때 20년이 넘었다고 대답하면 두말하지 않고 그를 신뢰하며 향후 두 번째 방문 시에는 추가 계약까지 한다는 것이다. 그는 최근 월 10건 이상의 계약을 체결하는데 그중 5건 이상이 이러한 추가 계약이라고 한다.

자신의 일에 충실하고 끊임없이 연구하고 노력하는 자는 해당 분야에서 반드시 성공한다는 평범한 진리를 가슴 깊이 새길 필요가 있다. 세일즈맨은 매일 가망 고객을 찾고, 그들에게 적합한 재정 컨설팅을 제공한다는 두 가지 기본 원칙을 되새기고 이를 지키려고 노력한다면 결코 세일즈업에서 실패하지 않는다.

되는 곳과 안 되는 곳의 차이

수만 년 동안 지구에서 살아남은 종들을 보면 그들은 지구상에서 가장 힘센 종이 아니라 가장 적응력이 뛰어난 종이었음을 알 수 있다. 기업의 성장 트렌드를 보아도 마찬가지다. 세계적 기업들 중에는 한 가지 업에 집중하여 그 업종에서 타의 추종을 불허하는 경쟁력을 키워가는 기업도 물론 있으나, 현실 상황에 맞게 지속적인 변화와 혁신을 꾀하여 성장하는 기업들이 대부분이다. 그만큼 고객의 니즈는 빠르게 변화하고 있으므로 그 변화를 선도하여 새로운 시대를 열어가는 기업이 승자독식의 세상에서 승자가 된다.

개인 또한 마찬가지이다. 인생의 대전환점은 지금까지와는 전혀 다른 패턴으로 일상을 바꾸는 작업에서부터 시작된다. 그러나 우리가 한 가지 간과하고 있는 것이 있다. 변화란 한번에 이루어지지 않는다는 사실이다. 많은 사람들이 혁신과 변화가 하늘에서 갑자기 짱 하고 떨어질 거라 착각하지만 현실은 그렇지 않다.

세상을 이끄는 변화는 도구만 다를 뿐이지 기본은 항상 변함이 없다. 징기즈칸과 알렉산더 대왕이 말과 칼로 세계를 정복했다면, 지금은 인공지능과 데이터베이스로 세계 정복이 가능한 4차 산업혁명 시대이다. 단지 정복하는 도구만 달라졌을 뿐이다. 마치 원두 하나를 가지고 전 세계의 커피시장을 평정한 스타벅스처럼 말이다.

치열한 경쟁의 정글에서 살아남기 위해서는 첫째, 항상 기본에 충실해야 한다. 음식 장사를 하는 주인이 돈 좀 벌었다고 식당 규모를 키우고 인테리어에 투자한다고 해서 손님이 두 배로 늘어나는 것은 아니다. 규모 확장보다 더 중요한 건 본래의 음식 맛을 유지, 발전시켜나가는 일이다. 또한 그 식당 특유의 고객 서비스가 있어야 한다. 수십, 수백 년의 역사와 전통을 가진 최고의 식당으로 발전하기 위해선 이 두 가지 기본부터 지켜져야 한다.

스타벅스는 최상의 커피를 추출하기 위하여 매일같이 최고의 전문가들이 원두를 선별하고 볶고 커피를 추출하는 전

과정에 엄청난 연구 비용을 투입한다. 그리고 최고의 서비스를 제공하기 위하여 전 세계 스타벅스 매장의 직원들을 대상으로 전문 교육을 지속적으로 실시한다. 기본에 충실하고자 하는 이러한 마인드 없이는 업계 선두를 유지할 수 없다.

둘째, 근시안적인 문제 해결에 연연하기보다 원대한 시각에서 근본적인 발전을 도모해야 한다. 지구 온난화로 인하여 인근 해안에 명태가 잡히지 않는다고 가정해보자. 명태의 수급 상황을 맞추라는 미션이 주어진다면 이 문제를 어떻게 해결할 것인가? 명태 알을 부화시켜 방류하는 방법 또는 러시아로 원양 어선을 증파하여 많은 명태를 수입하는 방안 등을 강구할 것이다. 그러나 이는 단기적인 해결책일 뿐이며 시간이 걸리더라도 근본적인 해결책을 모색해야 한다. 예를 들면 나무를 심어 지구 온난화를 극복하는 프로젝트처럼 말이다.

마찬가지로 세일즈맨을 성공적으로 육성, 발전시키기 위해서는 근본적이고 거시적인 육성 계획을 세워 운영해야 한다. 일시적으로 실적을 높이는 지점이 아닌 지속적으로 성장 가능한 지점으로 발전시키기 위해서는 두 가지가 병행되어야 하는데, 하나는 열정이고 다른 하나는 훈련이다. 이 두 가지 동력이 결합되었을 때 비로소 세일즈맨다운 세일즈맨을 육성할 수 있다.

열정이 없는 조직은 죽은 조직이고, 훈련이 없는 조직은 오합지졸일 뿐이다. 말에 올라탔다고 누구나 기수가 되는 것은 아니다.

아침에 지점을 방문해보면 되는 지점과 안 되는 지점의 분위기가 극명하게 구분된다. 안 되는 지점을 가보면 일을 하기는 하는데 멍하니 앉아서 컴퓨터를 보든가, 쓸데없는 잡담으로 시간을 보내는 경우가 많다. 그러나 잘되는 지점은 구성원 한 명 한 명의 움직임이 살아 있고 표정 또한 매우 진지하면서도 밝고 자신감 있다. 그리고 그날의 목표를 위해 매우 바쁘게 움직이며 철저히 준비한다.

구성원 전원이 의미 있는 일에 집중하는 하루가 되도록 노력하지 않으면 매일이 시행착오의 연속이 된다. 그 같은 시행착오가 이어지면 조직은 화석과도 같이 굳어져 성공이 무엇인지도 모른 채 매일 실패하는 조직이 되고 만다. 거대한 공룡과 매머드가 도태되어 지구상에서 멸종했듯이 이러한 세일즈 조직은 결국 시장에서 사라지게 될 것이다.

경쟁은 상대방을 잔존하게 하는 것이 아니라 아예 사라지게 만든다. 경쟁의 정글에서 반드시 살아남아야 하는 이유가 여기에 있다.

문제를 통제하라

문제가 발생하면 사람들은 그것에 매몰되어 해결에만 골몰한다. 그러나 정작 중요한 것은 문제의 발생 원인을 파악하는 것이다. 문제의 원인을 파악하지 못하면 해결책 또한 미봉책에 그칠 수 있기 때문이다. 미봉책에 연연할 경우 똑같은 문제가 지속적으로 발생하는 것을 목격하게 된다. 물에 빠져 사망하는 사람은 대부분 물이 깊기 때문이 아니라 수영을 못했기 때문이다. 문제의 원인을 명확하게 알고 대처하는 것이야말로 진정한 '문제 통제 능력'이다.

배에 물이 샐 때 중요한 건 양동이로 물을 얼마나 빠르게 퍼내느냐가 아니다. 배를 타고 강으로 나올 때 사전에 물이 새는지 여부를 확실히 파악하는 문제 통제 능력이 중요하다.

내 몸을 지키는 건강 비결

식탁의 비밀

케빈 지아니 지음 | 전미영 옮김 | 16,000원

건강한 음식이 우리를 병들게 만든다

뉴욕타임스가 주목한 세계적 건강 블로거의 식생활 개선 프로젝트. 현실적인 건강법을 찾기 위해 무작정 길을 떠난 저자의 생생한 체험과 신뢰할 만한 전문가들의 조언을 결합해 누구나 자신만의 건강법을 발견할 수 있도록 돕는다. 자신이 지닌 유전자의 발현 방식을 알 때, 유행하는 다이어트에 휩쓸리지 않고 스스로에게 맞는 건강법을 찾을 수 있다.

전쟁사에서 건진 별미들

윤덕노 지음 | 14,000원

전쟁의 폐허 속에서 피어난 세계의 음식 문화 열전

25년간 기자생활을 하며 미국, 중국 등 전 세계 30여 개국을 돌아다니며 다채로운 음식을 맛보고 연구해온 음식문화평론가의 신작. 전쟁과 같은 극한 상황에서 탄생하거나 대중화된 먹거리와 그와 관련된 50여 가지 이야기를 통해 음식에 담긴 시대상과 인간상을 흥미롭게 풀어낸다.

★ **한국출판문화산업진흥원 선정 2016년 11월 '이달의 읽을 만한 책'**

의사에게 **살해당하지 않는** 47가지 방법

곤도 마코토 지음 | 이근아 옮김 | 13,000원

의사의 친절에 가려진 불편한 의료 현장의
진실이 밝혀진다

40년간 의료 현장에서 일해온 현직 전문의가 병원의 진료에 대한 불편한 진실을 폭로한 책. 저자는 "암은 절제하지 않아야 낫는다" 등 의료계의 상식을 뒤엎는 발언을 서슴지 않으며, 과잉 진료로 이어지는 조기 암 진단이나 지나친 건강검진으로 인한 폐단을 낱낱이 밝힌다.

★ **일본 서점 100만 부 돌파 베스트셀러 1위**

10년 연속 스테디셀러

굿바이 게으름

문요한 지음 | 12,000원

인생을 갉아먹는 게으름에 대한 명쾌한 진단과 처방

현직 정신과 전문의가 환자들을 치료하면서 게으름도 일종의 중독임을 깨닫고 의사 입장에서 카운슬링하듯 풀어쓴 책. 저자는 게으름의 본질을 새롭게 살피고, 만성 게으름에서 벗어나는 다양한 처방전을 통해 '자기 자신으로서 살아가는 지혜'를 알려준다.

★ **중국, 일본, 태국 판권 수출** ★ **전국 서점 베스트셀러**
★ **국립중앙도서관 선정 2008년 '휴가철에 읽기 좋은 책'**

바바라 민토 **논리의 기술**

바바라 민토 지음 | 이진원 옮김 | 18,000원

45년 권위와 명성을 잇는 논리적 글쓰기의 바이블

1973년에 출간되어 널리 사랑받아 온 맥킨지식 사고법의 기본 개념으로, 업계에서는 이미 고전이 된 책. 맥킨지 최초의 여성 컨설턴트인 저자가 직접 고안한 '피라미드 원칙'을 바탕으로 자신의 생각을 논리적으로 구성하고 표현하고 전달하는 기술을 체계적으로 설명한다.

★ **한국출판인회의 선정 2004년 11월 '이달의 읽을 만한 책'**

질문의 7가지 힘

도로시 리즈 지음 | 노혜숙 옮김 | 13,000원

훌륭한 질문은 우리를 근사한 곳으로 안내한다

일상생활 속에서 적절하게 던지는 질문이 우리 삶을 얼마나 뒤바꿔 놓을 수 있는지 질문의 7가지 힘을 설명하면서 삶의 길잡이가 되어주는 질문 방법을 알려주는 책. 수많은 사례와 명사들의 질문에 대한 명언을 통해 실제로 질문이 어떻게 쓰이는지 살펴본다.

★ **질문법 분야 최장기 베스트셀러**

세일즈업에 종사하다 중도에 포기하고 일을 그만두는 후배들의 이야기를 들어보면 이 일이 적성에 맞지 않는다거나, 가망 고객을 발굴하기가 너무 힘들다거나, 경기가 안 좋다거나 등등 이유도 다양하다. 그러나 이 업계에서 성공하기 위해 근본적으로 문제를 통제했는지부터 묻고 싶다. 세일즈업은 보통의 성실한 사람들이 선택했을 경우 50퍼센트 이상은 반드시 성공하는 직업이다. 그만큼 정직한 직업이며, 땀을 쏟은 만큼 소득이 주어지고 결과가 주어지는 일인 것이다.

또한 이 일은 150년 이상 오랜 세월 동안 증명된 정확한 시스템으로 이루어진다. 최소 150년 동안 이 시스템으로 성공한 세일즈맨들이 지속적으로 등장했다면 더 이상 무슨 의심이 필요하겠는가? 이 세일즈 시스템을 정확하게 이행하지 않으면 공장에서 가전제품을 생산할 때 한쪽 다리가 짧거나 모터 소리가 심하게 나는 불량품이 나오는 것과 같이, 최종 계약 체결에 이를 확률이 떨어지거나 계약이 체결되더라도 결국 청약을 철회하는 경우가 빈번히 발생하게 된다.

세일즈업은 정기적이고도 체계적인 활동과 스킬 그리고 지식이 결합된 집합체이자 종합 예술과도 같은 고도의 전문 직업이다. 세일즈 프로세스 7단계는 이 같은 업계 시스템의 핵심이며, 이 프로세스에 충실한다면 최상의 결과가 도출된다.

세일즈 프로세스 7단계

Step 1 가망 고객 확보(Prospecting)

Step 2 전화 접근(Tel – Approach)

Step 3 초회 면담 및 사실과 느낌의 발견(Approach & Fact Finding)

Step 4 상품 설명(Presentation)

Step 5 거절 처리 및 체결(Objection & Closing)

Step 6 보험 증권 전달(Police Delivery)

Step 7 가망 고객 소개(Referral Leads)

1~2년차 이상의 세일즈맨들이 적어도 매주 10명의 신규 가망 고객을 만나서 최소 3건 이상의 계약을 체결한다면 대단히 우수한 세일즈 능력을 습득했다고 볼 수 있다. 이 정도의 체결 능력을 체득했다면 보통 10년 이상 꾸준히 백만달러원탁회의(MDRT) 회원이 될 수 있는 실력을 배양했다고 봐도 좋다.

프로 야구 선수를 예로 들어보자. 보통 열 번 타석에 설 경우 세 번 정도 안타를 치면 3할대 타자로 분류되는데, 3할의 타율을 유지하는 선수들은 어느 정도 경지에 올라갔다고 인정받는다. 세일즈맨이라면 매주 3건의 계약을 체결하는 데 연연하기보다는 10명의 신규 고객을 만나는 것을 목표로 삼아야 한다. 어느 정도 세일즈 스킬이 정립됐다면 확률은 결코 우리를 속이지 않을 것이다.

세일즈는 가망 고객을 꾸준히 확보하는 것에서부터 출발하여 가망 고객을 꾸준히 소개받는 것으로 마무리하는 것이 최우선이다. 밤에 등불이 꺼지지 않게 하기 위해 등불에 기름을 지속적으로 공급하는 것과 같은 맥락인 셈이다.

모든 결과의 중심에는 요행이 아니라 오직 과정만이 있을 뿐임을 명심하기 바란다.

추락은 한순간이다

자동차는 가다가도 설 수 있다. 그러나 비행기는 엔진이 꺼져 공중에서 멈추면 그 즉시 추락한다. 마찬가지로 성공하면 할수록, 지위가 올라가면 갈수록 자기 관리를 철저히 하지 않으면 기업이든 개인이든 그 즉시 추락한다.

인생의 성공을 위하여 자신의 모든 시간과 열정을 쏟아 마침내 정상에 도달했다 해도, 자칫 성공에 도취되어 자기 관리를 소홀할 경우 모든 부와 명예를 순식간에 잃게 된다는 점을 명심해야 한다. 자기 통제 능력은 그 무엇보다 중요하다. 각 분야에서 지속적으로 성장하고 발전하는 사람들을 보면 하나같이 자기 관리에 목숨을 건다.

일본 선수로서 현재 미국 프로 야구 구단 시애틀 매리너스에 소속된 스즈키 이치로는 올해 나이 만 45세로, 일본뿐만 아니라 아시아 야구계의 전설로 대표되는 선수이며 메이저리그에서도 그 같은 꾸준함을 찾아보기 힘든 선수이다. 이는 그의 메이저리그 기록에서도 명확하게 나타난다.

그는 메이저리그 진출 첫 시즌에 타율 1위(0.350), 최다 안타 1위(242개), 도루 1위(56개)의 3관왕을 달성했고, 정규 시즌 MVP와 신인왕을 동시에 석권했다. 그는 이러한 성과에 만족하지 않고 그 후 10년 연속 200안타(메이저리그 역사상 유일), 10년 연속 3할 타율, 10년 연속 올스타전 출전, 10년 연속 골든 글러브 수상에 이어 50년 만에 메이저리그 단일 시즌 최다 안타 기록까지 갈아 치웠다.

세계 최고 수준의 선수들만 모인 메이저리그에서 그가 지금까지 살아남을 수 있었던 비결은 단 하나, 철저한 자기 관리이다. 그는 언제나 훈련 시간 30분 전에 운동장에 도착하여 자신만의 준비 운동과 타격 조율 훈련을 마치고 단체 훈련에 임한다. 다른 선수들이 훈련 시간이 임박해 어슬렁어슬렁 나타날 때 이치로는 이미 몸 상태를 최고로 만들어놓고 실전처럼 훈련에 임하는 것이다.

이치로는 상대 투수의 빠른 볼을 선구할 수 있는 눈을 갖기 위해 고속도로에서 빠른 속도로 달리는 자동차의 번호판을 읽는 동체 훈련을 할 정도로 프로 정신이 투철하다. 시즌이 시작되면 몸을 가볍게 유지하기 위해 아침엔 카레라이스로 간단히 식사하고 술, 담배는 아예 입에도 대지 않는다.

"나는 태어나서 나 자신과의 약속을 어겨본 적이 단 한 번도 없다!" 지구상에 이러한 말을 할 수 있는 사람은 이치로 외에 그리 많지 않을 것이다. 대부분의 사람들은 자신과의 약속을 밥 먹듯이 어기면서 아무런 죄책감 없이 살고 있다. 이러한 투철함과 자신감이 있기에 이치로가 세계 최고 선수들이 모여 있는 메이저리그에서 17년 동안 승승장구해오지 않았겠나 생각해본다.

연예인이든, 야구 선수든, 정치인이든, 경제인이든 한순간의 방심과 자기 관리 실패로 부와 명예와 권력을 잃고 바닥으로 떨어지는 것을 우리는 종종 보게 된다. 최고의 위치까지 올라갔다면 실력은 일단 검증된 것이다. 다음으로 전문가로서, 프로로서 생존하기 위해 필요한 것이 자기 자신과의 냉철한 싸움이다. 고도의 집중력과 자기 통제 능력이 요구되는 이 싸움에서 승리하기 위해서는 네 가지 능력이 필요하다.

첫째, 매일 시간을 규칙적으로 사용하는 능력이 필요하다. 아침마다 풀잎 위에 맺힌 맑은 이슬을 보는 사람은 자신의 영혼에도 맑은 이슬이 맺히는 경험을 하게 된다. 태양이 떠오르는 시간에 몸을 일으켜라. 그러면 인생도 함께 일어날 것이다. 매일의 시간은 단절이 아니라 연속임을 명심하라. 어제의 시간은 오늘의 시간에도 영향을 미친다.

둘째, 매일 인격적으로 성숙된 모습을 견지하는 능력이 필요하다. 사람의 인격은 하루아침에 만들어지는 것이 아니라 오랜 시간 지나온 환경과 만나온 사람들에 의하여 형성된다. 결정적인 순간에 위기에서 자신을 붙잡아주는 것이 바로 인격적 성숙이다.

사람은 누구나 살면서 온갖 유혹과 위험에 노출된다. 인격적 성숙만이 그러한 함정으로부터 우리를 보호할 수 있다. 가끔 젊은 층이 열광하는 아이돌 연예인들이 어린 나이에 끝 모를 유명세를 타다가 어느 순간 유혹의 손길을 뿌리치지 못해 범법자가 되어 TV에 나오는 것을 보면 참으로 안타깝다. 최고가 되기를 강조하기보다는 인격적 성숙을 더 중요시하는 사회가 되어야 한다.

셋째, 매일 비전을 가지고 앞으로 나아가는 능력이 필요하다. 오로지 돈만 벌기 위해 일하는 사람이라면 그다지 바람직한 인생을 산다고 볼 수 없다. 인생은 자신만의 스토리를 만들어가는 것이다. 그 스토리를 완성하기 위하여 매일 최선을 다해 살아가야 한다. 누군가는 중간에 그 스토리를 포기하거나 잠시 보류하기도 한다. 반면에 끊임없는 노력으로 자신의 스토리를 당당히 완성하는 사람도 있다.

미켈란젤로는 돌덩이를 생명이 숨쉬는 걸작 예술품으로 승화시켰다. 조각가가 돌을 깎는 동안 그것이 어떠한 형태로 나타날지는 아무도 모른다. 오로지 돌을 깎는 조각가의 머릿속에서만 그려질 뿐이다. 돌을 깎는 조각가의 마음으로 자신이 이루고자 하는 비전을 향해 포기하지 않고 꿋꿋이 걸어갈 때 비로소 비전은 현실이 되어 나타난다.

넷째, 매일 하루를 긍정적인 말로 시작하는 능력이 필요하다. 긍정적인 사고가 부족한 일상은 브레이크가 고장 난 폭주 기관차처럼 위험하기 짝이 없다. 긍정적인 사고냐, 부정적인 사고냐를 스스로 선택하는 것에서부터 행복은 결정된다. 내가 이 세상에 없어도 산과 강과 나무들은 항상 그 자리에 있다. 우리가 바꿀 수 있는 것은 오직 스스로의 선택에 따른 사고방식뿐이다. 나의 사고가 부정적이면 세상이 온통 불행하고 침울해 보일 것이고, 내가 긍정적이면 모든 것이 소중하고 행복해 보일 것이다.

오랜만에 만나는 사람에게 "안 보는 사이 얼굴이 많이 늙었네요"라고 말한다면 듣는 사람은 갑자기 말문이 막힐 것이다. 같은 상황이라도 "안 보는 사이 분위기가 많이 세련되어지셨네요"라고 한다면 듣는 입장에서도 기분이 훨씬 좋을 것이다. 세상은 저절로 바뀌지 않는다. 당신이 바뀔 때 비로소 세상도 바뀐다.

낙엽이 떨어지면 겨울이 모퉁이에 와 있다

세일즈맨에 의해서 판매 실적이 올라가는 기업은 영업 총괄 실적을 가지고 이야기기하는 것보다 조직의 효율을 평가하는 것이 경영에 더욱 바람직하다. 세일즈맨의 판매 실적은 대내외적 변화에 의해 수시로 변동 가능하기에 한 달 내지 두 달 정도의 실적 부진은 감안해야 한다.

그러나 일단 실적 그래프가 우하향 곡선을 그리기 시작하면 영업 담당 관리자는 큰 쓰나미가 다가오고 있음을 재빨리 알아차려야 한다. 이러한 전조 현상을 사전에 파악할 수 있는 관리자라면 최고의 리더라고 할 수 있다.

그런데 시장에서 이렇게 앞을 내다보는 탁월한 리더는 드문 것이 현실이다. 영업 실적 그래프가 우하향 곡선을 그리면 대부분의 회사가 제일 먼저 하는 일이 예산을 들여 캠페인을 펼치고 영업을 독려하는 것이다. 그러나 돈을 써서 영업 실적이 10~20퍼센트 상승할 수 있는 시기는 이미 놓쳤다고 봐야 한다. 이때는 조직의 거품을 과감하게 걷어내야 한다. 고름을 짜지 않고 그대로 둔다고 해서 절대로 살이 되지 않는다. 겨울에 눈이 쌓일 때는 온통 순백의 세상 같지만 봄에 날이 더워지면 여기저기 더러운 오물이 보이는 것과도 같은 맥락이다.

세계경제는 항상 성장과 침체를 반복한다. 호경기에는 모든 부문에 따뜻한 빛이 드는 듯하나, 침체기에 들어가면 사느냐 죽느냐의 변곡점에 놓이게 된다. 이러한 흐름을 잘 파악하여 호경기를 대비한 과감한 투자와 불경기를 대비한 철저한 구조조정을 한다면 그 기업은 동종 업계에서 최고의 경쟁력을 유지할 것이다.

영업 실적 그래프가 우하향 곡선을 보인다면 그때가 바로 더욱 우수한 인재를 확보하기 위해 기존 인재에 대한 교육을 강화하고, 미래의 잠재 인력을 확충할 전략을 구축함과 동시에 실적이 부진한 직원을 최대한 업그레이드하면서 과감한 조직 감축을 감행할 비상 시기라고 보면 된다.

비상시에 조직만 위기 탈출을 시도하는 것은 아니다. 살다보면 개인에게도 똑같은 형태의 위기가 닥칠 수 있으므로 개인도 항상 미래의 시간을 위해 투자하고 있어야 한다.

미래의 시간을 위한 투자는 저축만이 아니라 자신을 위한 구조조정도 늘 염두에 두어야 한다. 미래의 발전을 위해 생각 없이 허비하는 현재의 시간을 과감히 정리하고 미래의 시간에 투자하는 비율을 높여야 한다.

미래의 투자(Must)

- 운동을 통한 체력 관리
- 외국어 공부
- 인맥 관리
- 독서를 통한 자기계발
- 금융 세미나 참석
- 현재 및 미래의 트렌드 파악
- 컴퓨터 사용법 업그레이드
- 견문을 높이는 테마 여행
- 저축 및 투자

현재의 투자(Nice & Beautiful)

- TV 시청

- 게임
- 늦잠
- 계획 없는 단조로운 생활
- 음주 및 향락

당신이 투자한 시간의 순수한 양이 당신의 미래 비전의 크기다.

현재의 소비에 투자하는 비율이 미래에 대한 투자보다 큰 부분을 차지하고 있다면 긍정적인 비전의 미래를 기대하기 어렵다. 현재의 시간을 어떻게 보내느냐에 따라서 모든 것이 바뀐다. 현재의 나는 과거의 내가 간절히 바라고 원했던 사람이며, 미래의 나는 현재의 내가 간절히 바라고 원하는 사람이다.

골프 고수의 비밀

나는 골프를 시작한 지 20년이 넘었지만 아직도 95~100타를 친다. 20년을 쳤으면 적어도 80~90타는 쳐야 하는지라 골프장에만 가면 영 체면이 말이 아니다.

푸념하면 뭘 하겠나? 골프 대회나 고객 초청 행사 때만 창고에 묵혀놓은 골프 백을 찾아서 일 년에 2~3번 골프장에 나가는 게 전부이니 실력이 늘지 않는 것이 당연하지 않겠는가. 매일 정해진 스케줄에 얽매여 골프에 우선순위를 두지 않고 골프 연습에 시간을 할애하는 데 인색하니 자연스러운 결과라고 생각한다.

6개월 전에 골프를 처음 배운 후배가 최근 골프장에서 85타를 쳤다는 이야기를 들으면서 골프를 비롯한 세상 모든 일이 쏟는 정성과 시간에 비례한다는 진실 앞에 무릎을 꿇을 수밖에 없었다.

일전에 골프 고수에게 원 포인트 팁을 요청하자 그는 네 가지로 핵심을 요약해주었다. 첫째, 골프를 좋아할 것. 둘째, 꾸준히 연습할 것. 셋째, 자주 필드에 나갈 것. 마지막으로 나보다 잘 치는 사람을 찾아서 함께 라운딩을 할 것. 이 네 가지 중 그동안 내가 지킨 것이 단 하나도 없었다는 사실에 깊이 반성을 하게 되었다.

세일즈를 잘하는 방법도 골프를 잘 치는 방법과 똑같다.

첫째, 세일즈업이 본인의 적성에 맞는지 냉정하게 파악해야 한다. 혼자서는 힘들 수도 있다. 주변의 멘토와 전문가 지인들에게 자신을 냉정하고 객관적으로 다면평가를 해주기를 요청하여 여러 방향에서 스스로를 들여다볼 필요가 있다.

세일즈업이 적성에 맞는다면 과감히 도전하여 비전을 이루어나가야 한다. 책상에 앉아 지시받은 업무만 하면서 평생을 사는 건 너무 따분하지 않겠는가? 이는 물론 세일즈업이 적성에 맞는다는 전제 조건에 부합할 때의 이야기이다.

둘째, 세일즈업에 입문했다면 입사 후 1년 동안은 모든 시간을 오로지 세일즈에 투자하고 집중해야 한다. 마치 비행기가 이륙을 위해 시속 350킬로미터의 속도로 활주로를 달려

나가듯이 말이다.

보험사라면 일단 입사 후 1년 동안 매주 3건의 계약 체결을 목표로 정하라. 1년은 52주이므로 1년 동안 매주 3건의 보험보장을 전달한다면 적어도 50주 연속 3W(일주일에 3건의 계약 체결하기)를 달성하는 기록을 세울 것이다. 세일즈업에서 성공하기를 원한다면 입사 후 연속 50주 3W 달성 기록은 성공을 위한 최소한의 통과 의례라고 생각해야 한다.

이러한 기록을 달성하기 위해서는 반드시 세일즈에 대한 전문적인 지식과 학습, 트레이닝 과정을 이수하고 부단히 연습해야 한다. 피아노를 악보 없이 자유자재로 치려면 최소 하루 3시간씩 10년 이상 연습해야 하는 것과도 같다. 자신의 최고 비전을 만들어가는 일인데 트레이닝에 하루 3시간조차 할애하지 못한다면, 이는 기초가 없는 상태에서 축대를 쌓으려는 것과도 같다.

셋째, 골퍼가 자주 필드에 나가듯이 세일즈맨은 반드시 고객과의 접점을 높여야 한다. 책상에서 벗어나 사무실이나 사업장에서 고객을 만나야만 성과가 이루어지는 세일즈업의 특성을 제대로 이해해야 한다. 자신의 모든 시간을 고객과의 만남에 할애하라. 이를 위해서는 매일 규칙적인 활동 사이클이 정립되어 있어야 하는데, 예를 들면 이런 식이다.

오전 07:00 - 08:30	출근 및 활동에 관한 자료 준비와 점검
오전 08:30 - 10:00	교육 및 자기계발과 팀 미팅
오전 10:00 - 12:00	상담 고객 A와 미팅
오후 12:00 - 13:30	기존 고객 B와 점심
오후 13:30 - 18:00	신규 가망 고객 C, D, E 3명과 미팅
오후 18:00	사무실 복귀
야간 19:00 - 21:00	활동 업무 정리 및 금주 방문 예정 고객 자료 준비

매일 하루를 준비로 시작해 준비로 마무리해야 한다. 그렇지 않으면 활동 패턴이 무너질 뿐만 아니라 시간의 효율성이 떨어진다.

넷째, 유능한 선배에게 배워야 한다. 필드에 나갈 때 자신보다 골프를 잘 치는 사람과 라운딩을 하는 것은 초보 골퍼의 눈높이를 올리기 위해서다.

마찬가지로 영업을 잘하는 사람은 잘하는 방법을 터득했기 때문에 잘하는 것이다. 수익성이 높은 계약을 체결하는 고능률 선배 세일즈맨은 무엇이 달라도 다르다. 그 비결을 신입 세일즈맨이 혼자서 터득하려고 한다면 대단히 많은 시간과 시행착오와 노력이 수반될 것이다. 일주일에 적어도 한 번은 매니저나 고능률 선배에게 동행을 요청하여 자신의 부족한 부분을 필드에서 점검받고 코치받는 것이 성공을 앞당길 수 있는 지름길이다.

고능률 선배에게 동행을 요청할 때 주의해야 할 사항이 있다. 입사 1년차인 신입 세일즈맨이 단지 기술을 습득하기 위해 자신의 수준에 맞지 않는 고도의 전문가 시장에 들어가거나, 활동량보다는 계약의 규모 위주의 고액 계약만을 체결하는 성향의 선배를 택하면 초기에 활동량과 계약 건수를 통해 성장해야 하는 신입 세일즈맨에게는 오히려 독배를 마시는 것과 같은 결과가 초래될 수 있다.

따라서 정확한 트레이닝을 받고자 한다면 항상 긍정적인 선배 중에서 활동량으로 승부를 내면서 매주 3건 이상 계약을 달성하는 선배를 초기 멘토로 삼아 배움을 요청하는 것이 중요하다. 고도로 특화된 전문가 시장이나 CEO 플랜 시장 등으로 진입하기 위한 준비는 2~3년차에 시작해도 늦지 않다.

무슨 일이든 기초가 중요하므로 기초를 쌓는 데 적어도 1~2년은 집중 투자해야 한다. 우선 매주 3건의 계약을 체결하는 3W 달성에서부터 시작하라. 50주, 100주 이상 3W 달성에 도전한다면 반드시 세일즈업에서 성공할 것이다!

가장 대하기 어려운 고객은 누구일까

금맥을 발견하여 금을 얻기 위해서는 엄청난 양의 흙을 파내야 한다. 흙과의 사투 끝에 비로소 금맥을 발견하게 되어도 주변의 돌을 폭파시켜 조각을 낸 후 돌 속에 묻혀 있는 금 성분들을 미세하게 제련하여 정제한 후에야 비로소 순도 99.99퍼센트의 순금을 얻을 수 있다. 이러한 과정을 지속적으로 반복할 때 금을 얻을 수 있는 확률이 높아진다.

따라서 얼마나 많은 금을 얻을 것인가는 얼마나 많은 산을 다니면서 각 지형의 광물 성분을 분석해 금 성분이 많은 곳을 채굴하느냐에 달려 있다. 1온스의 금을 얻기 위해 수 톤의 흙을 파야 하지만, 이 과정을 건너뛴다면 제대로 된 순금을 얻기는 불가능할 것이다. 얼마나 많은 양의 흙을 파느냐가 바로 순금을 몇 돈이나 얻을 수 있느냐의 척도가 되는 것이다.

세일즈 역시 이와 같은 과정을 거쳐 마지막 계약 체결 단계까지 간다. 특히 보험 세일즈는 무형의 상품을 파는 일이기 때문에 고객이 선뜻 구입을 희망하는 일은 거의 없다. 10명 중에 9명은 "싫다"고 거절하고, 마지막 한 명은 "절대 싫다"고 거절하는 것이 바로 보험 세일즈이다. 따라서 보험 세일즈는 거절에서부터 시작된다고 해도 과언이 아니다. 거절의 원인을 알아야 고객의 니즈가 무엇인지를 파악하고 진정한 재정설계를 제공할 수 있다. 거절의 원인을 정확히 파악하지 못한다면 세일즈는 한 발짝도 진전되지 않을 것이다.

대부분의 신입 세일즈맨이 어려워하는 부분이 이 단계이기도 하다. 신입 세일즈맨이 처음 고객으로부터 거절을 당하게 되면 마치 자신의 존재 자체가 거절당한 듯 대단히 실망하고 좌절한다. 고객은 단지 상품 구입을 거절한 것뿐인데 말이다. 그러나 노련한 고참 세일즈맨은 고객의 거절이 없으면 오히려 당황하거나 판매가 어렵다고 말한다. 정말 보험에 부정적이거나 관심이 없는 사람은 아예 거절조차 하지 않는다는 것이다. 무관심하게 아무 대꾸도 하지 않는 고객이 제일 힘든 고객일 수 있다. 속마음을 알 수 없기 때문이다.

따라서 보험 세일즈의 제1원칙은 보험에 가입할 사람을 발견하는 것이 아니라, 나의 보험 이야기를 들어줄 사람을 많이 발견하는 것이다. 이것이 바로 유능한 세일즈맨들이 많은 활동량으로 승부를 내는 이유이기도 하다. 자신의 보험 이야기를 들어줄 사람을 찾게 되면 그 잠재 고객의 진정한 니즈가 무엇인지를 파악하게 되고, 니즈를 파악하게 되면 그 고객에게 맞는 재정 설계를 통해 보장을 전달할 기회가 생기는 것이다.

보험 세일즈의 제2원칙은 고객에게 꿈을 파는 것이다. 세일즈 분야에서 기량을 발휘하는 사람들의 공통점은 고객에게 꿈을 판다는 것이다. 그들은 최종적인 계약 체결 단계에 이르면 고객 개개인에 맞는 맞춤형 꿈을 제공한다.

일전에 TV에 출연한 한 가수가 인터뷰 도중 자신을 "팬들에게 꿈을 파는 사람"이라고 소개하는 것을 보면서 그 가수를 다시 보게 되었다. 진정한 가수는 청중들이 그의 노래를 들음으로써 각자 자신만의 꿈을 꾸게 한다. 누구는 다시 돌아갈 고향의 꿈을 꾸기도 하고, 누구는 돌아가신 어머니의 살아생전 모습을 꿈꾸기도 하고, 또 누구는 가족과 함께 즐거운 시간을 가질 꿈을 꾸기도 하는 것이다.

마찬가지로 유능한 자동차 세일즈맨은 고객이 매장에서

차를 고를 때 차의 제원이나 강력하고 차별화된 엔진, 내연기관의 구조 등을 이야기하지 않는다. 단지 이 차를 구입했을 때 가족들과 어떠한 시간을 보내게 될 것인지, 드라이빙의 느낌이 어떨지, 이 차를 소유하게 되면 매일매일 얼마나 만족스러운 생활을 하게 될지 등 꿈에 대한 이야기를 한다.

보험 세일즈를 탁월하게 잘하는 친구들을 보면 미래의 안정된 꿈을 보장하고 가족에게 어려운 일, 불의의 사고가 발생했을 때 자녀의 꿈을 어떻게 지켜줄 수 있는지에 대해 이야기한다. 세일즈맨이 단순히 보험 상품만을 설명하게 되면 고객 또한 계산기를 두드리며 납입할 보험료와 내가 중도에 받는 금액 또는 만기 시 돌려받을 금액의 수익률만 계산할 것이다.

당신은 지금 무엇을 팔고 있는가? “나는 고객에게 행복과 꿈을 파는 사람입니다”라고 자신 있게 대답할 수 있는가? 만약 그렇다면 고객이 당신을 지켜줄 것이다.

새벽은 하루에 두 번 오지 않는다

잭 웰치가 제너럴일렉트릭(GE)의 CEO로 재직할 때 한 경영자가 그에게 다음과 같은 질문을 했다. "세계에서 가장 존경받는 기업의 가장 존경받는 경영자로 선정된 리더십의 비결이 무엇입니까?" 그러자 웰치는 이렇게 대답했다. "딱 한 가지입니다. 나는 내가 어디로 가는지 알고 있고, GE의 전 구성원은 내가 어디로 가는지를 알고 있습니다."

나 또한 이 대답에 무릎을 칠 수밖에 없었다. 웰치는 GE의 미래 비전과 방향을 확실히 정했고, 이를 자신만의 비전이 아닌 GE 전 직원의 비전으로 만들었다. 비전은 조직 구성원에게 꿈과 희망을 제시한다. 비전이 없는 국가나 조직은 경쟁에서 도태된다.

나의 어머니는 현재 91세이다. 어머니와 대화를 하다보면 항상 당신의 어린 시절과 그나마 활동적으로 거동했던 60~70세 시절에서 사고의 영역이 한 발짝도 벗어나지 못한다는 걸 느끼게 된다. 미래에 대한 꿈과 희망을 접은 지 벌써 20년도 넘은 것 같다. 무엇이 먹고 싶다든가, 어디로 여행을 가고 싶다든가 하는 희망적인 말씀을 들은 지도 꽤 오래되었다.

나와 대화할 때면 항상 과거에 가장 기억에 남았던 경험을 마치 어제 일인 듯 실감나게 이야기하곤 하는데, 문제는 그게 매번 똑같은 내용이라는 것이다. 나는 어머니의 그 이야기를 이미 50번도 넘게 들었지만 항상 처음 듣는 것처럼 맞장구를 쳐주곤 한다. 어머니는 말씀 중간에 당신이 후회되는 회한의 대목이 나오면 긴 한숨을 쉰다. 그런 어머니를 볼 때면 "후회가 꿈을 대신할 때 인간은 늙기 시작한다"는 지미 카터 전 미국 대통령의 말이 떠오른다.

이 말을 역으로 생각해보면 세상에서 가장 행복한 사람은 매일 아침 일어나서 자신의 꿈을 향해 힘차게 나가는 사람이라고 할 수 있다. 비전은 자신의 나아갈 방향을 제시해주는 인생의 좌표와도 같은 역할을 한다. 지도에 위도와 경도가 구분되어 있어 현재 내가 있는 곳에서 나아가야 할 방향의 좌표를 찍으면 정확하게 목적지에 도달하게 되는 것과 같다. 무슨 일이든 명확한 방향이 설정되어 있다면 이미 절반은 성공했다고 해도 과언이 아니다.

일단 방향이 설정되면 막연히 "나는 할 수 있다"가 아니라 "나는 준비가 되어 있으므로 할 수 있다"는 마음을 가져야 한다. 갓 세일즈업에 입문한 신입 세일즈맨들 중에는 꿈에 부풀어 성공이 이미 확정된 것처럼 생각하는 사람들도 간혹 보인다.

그러나 모든 일은 3개월 안에 성패가 갈린다는 사실을 잊지 말아야 한다. 이 첫 3개월이 앞으로 10~20년 세일즈를 할 때 자신의 활동과 업적의 기준점이 되기 때문이다. 따라서 첫 3개월 동안은 기존의 업계 기록을 모두 깬다는 마음가짐으로 최선을 다해야 한다. 자칫 이 시기를 흐지부지하게 보내면 헬스 클럽에 가서 운동은 하지 않고 핸드폰으로 친구들과 잡담만 한 후 대충 샤워하고 집에 돌아가는 것과 같다. 그렇게 10년을 헬스 클럽에 다녀봤자 운동 효과가 전혀 나지 않으리라는 건 불 보듯 뻔하다.

세일즈업에 입문한 신입 세일즈맨은 이미 정형화되어 있는 열 가지 도전 계수를 준수하며 첫 3개월을 치열하게 보내야 한다.

1. 매일 아침 7시에 출근하기

2. 매일 5명 이상의 신규 고객 만나기

3. 매일 2명 이상에게 보험 상품 설명하기

4. 매일 3명 이상 가망 고객 소개받기

5. 매일 10명에게 전화하여 약속 잡기

6. 매일 5통의 감사 엽서를 직접 손으로 쓰기

7. 매일 고객을 만나기 전 상품 연구와 역할연기 연습하기

8. 매일 저녁 사무실에 복귀하여 하루 일과를 정리하고 마무리하기

9. 매일 목표가 달성된 후 퇴근하기

10. 매주 반드시 3건의 계약 달성하기

처음 3개월을 이렇게 보내면 세일즈업에서 절대 실패하지 않으며 향후 30년을 보장받게 된다.

PART 2

마찰계수가 클수록 성공에 가까워진다

연어의 도전

다이어트 중인 사람은 체중계에 올라섰을 때 단 0.5킬로그램이라도 체중이 줄면 그것이 큰 동기 부여 요인이 된다. 세일즈맨에게 최대 동기 부여 요인은 계약 체결이다. 그렇기 때문에 한 주 한 주 무실적이 계속되면 자연히 힘이 빠지고 자신감이 떨어지면서 일에 대한 회의를 느끼게 되고, 결국 2~3개월 안에 이 분야에서 탈락하게 된다.

세일즈맨이 한 주 동안 무실적인 것은 해안에서 허우적대며 살려달라고 손을 흔드는 것과도 같다. 수영 초보자가 수면이 허리 정도 오는 바다에서 수영을 할 때는 발이 땅에 닿을 것이라는 생각으로 안심하게 된다. 그러나 수영을 하다가 지쳐서 쉬려고 할 때 예상과는 달리 발이 땅에 닿지 않으면 그때부터 정신이 혼미해지면서 당황하게 된다. 이 과정에서 바닷물을 들이마시게 되면 숨을 쉴 수 없게 되고, 이때부터 실내 수영장에서 배운 수영법은 까마득히 잊어버린 채 팔을 허우적거리며 간절히 구조를 바라게 되는 것이다.

초보 세일즈맨은 모든 것이 어설프고 감정 조절법이나 리스크 관리 요령을 제대로 알지 못하므로 일단 부딪쳐서 경험을 통해 배워야 한다. 그러나 입문 교육 때 배운 것과는 너무나도 다른 현장에서의 결과는 초보 세일즈맨에게 당황과 좌절을 안겨줄 뿐이다.

담당 매니저가 초보 세일즈맨의 이러한 상황을 감지하지 못한 채 다음 주에는 잘하라고 어깨만 두드려서는 절대 문제가 해결되지 않는다. 이미 초보 세일즈맨에게 붉은 경고등이 들어와 있는 상태이기 때문이다. 세일즈맨에게 무실적은 그만큼 엄중한 의미를 내포하고 있는 것이다.

초보 세일즈맨이 성장하기 위해서는 반드시 1년여에 걸친 지속적인 교육과 관심이 수반되어야 한다. 이 1년의 시간이야말로 바로 신입 세일즈맨의 성장과 탈락의 경계선이기 때문이다. 이 기간 동안 모든 매니저는 체계적인 교육 프로그램을 이용해 신입 세일즈맨이 경험하게 될 갖가지 상황에 대한 사례 교육을 지속적으로 진행해야 한다.

이는 아이들이 자라면서 단계적으로 맞게 되는 예방주사와도 같다. 아이가 태어나면 B형 간염, 결핵, 소아마비 등의 예방접종을 하는데, 이러한 예방접종을 하지 않을 경우 아이가 치명적인 질환에 무방비 상태로 노출될 수 있다.

역할연기를 통한 상황 대처 능력 및 지식 교육 없이 단지 주입식 교육이나 상품 설명만 실시하고 현장에 투입한다면 최소한 10명 중 7명 이상은 1년 내에 탈락하게 될 것이다. 매니저는 신입 세일즈맨의 입사 시기에 맞춰 항상 3~4개월 정도 앞서 나가는 교육 프로그램을 도입해야 한다. 그렇지 않으면 신입 세일즈맨이 향후 경험하게 될 시장에서의 당혹감이나 좌절감을 상쇄시켜줄 수 없다.

앞서도 말했듯이 수영 초보자가 익사하는 가장 큰 원인은 발이 땅에 닿지 않을 때 밀려오는 공포와 당혹감이다. 만약 발이 땅에 닿는다면 익사할 확률은 거의 없다고 볼 수 있다. 마찬가지로 신입 세일즈맨이 탈락하는 가장 큰 원인 중 하나는 2~3개월 안에 자신의 지인 시장이 전부 고갈된다는 점이다. 그렇게 되면 경험이 없는 초보 세일즈맨은 방문할 곳이 없어지면서 극도의 위축감을 느끼고 활동에 대한 자신감을 상실하게 된다. 그 결과 사무실에서 컴퓨터나 보면서 대부분의 시간을 낭비하거나 친구와 만나 세일즈 과정에 전혀 도움이 되지 않는 시간을 보내며 소일하고 마는 것이다.

세일즈의 과정은 마찰력과도 같다. 마찰계수가 크면 클수록 세일즈가 이루어질 가능성이 높다. 고객의 거절 원인을 정확히 파악하여 해결해주면 계약을 체결할 확률이 높아지기 때문이다. 그러나 마찰계수가 전혀 없거나 희박하다면 세일즈가 성사될 가능성 또한 낮다.

초보 세일즈맨은 이러한 세일즈 원리를 잘 모르기 때문에 방문할 곳이 없으면 자신을 거절하지 않을 친구나 지인만 찾아가서 세일즈와는 상관없는 잡담이나 넋두리로 시간을 보내고 아무 희망 없이 사무실에 복귀한다. 이러한 상황이 며칠 반복되면 초보 세일즈맨은 더 이상 물 위로 올라오지 못하고 익사하는 수영 초보자와 같은 비극을 맞게 된다.

세일즈 매니저는 초보 세일즈맨이 향후 2~3개월 동안 방문할 수 있는 시장을 지속적으로 확보하도록 교육시키고 동행하여 방법을 알려주며 매일, 매주 가망 고객 확보 상황을 체크해야 한다. 세일즈 매니저가 이 과정을 대수롭지 않게 넘긴다면 이는 수영 초보자가 발이 땅에 닿지 않는 깊은 곳으로 헤엄쳐 가는 것을 눈으로만 지켜보는 것과도 같다.

세일즈 매니저가 직접 뽑은 초보 세일즈맨이 방문할 곳이 없어서 5~6개월 안에 탈락하는 것은 전적으로 세일즈 매니저의 책임이라고 해도 과언이 아니다.

연어는 한 치의 망설임이나 주저함 없이 물결을 거슬러 올라간다. 초보 세일즈맨이 연어와 같은 도전 정신을 가지고 성장하게 만드는 것이야말로 세일즈 매니저의 역할이다. 이를 위해선 철저한 단계별 교육과 동행 훈련 그리고 지속적인 활동 리뷰가 수반되어야 한다. 이 세 바퀴가 빈틈없이 맞물려 돌아가지 않으면 초보 세일즈맨은 1년 안에 성공 궤도에 도달하지 못한다. 결국 초보 세일즈맨은 누구와 함께 동행하느냐에 따라서 도전 정신과 삶의 태도까지 바뀌는 것이다!

물장구만으로는 바다로 나갈 수 없다

훈련의 가장 중요한 목적은 실전에서 살아남기 위한 '생존 능력'을 키우는 것이다. 세일즈맨은 자기 일의 특징과 이를 바탕으로 한 생존 방향성에 대해 명확히 이해하고 있어야 한다. 매달 자신의 목표를 위하여 필드에서 고객을 만나 상품을 하나라도 더 판매하는 것이 목적인 세일즈맨이 일반 샐러리맨을 기준으로 출퇴근 시간과 업무 성격을 규정해서는 절대로 경쟁력을 갖출 수 없다.

세일즈는 고객이 결정하는 매 순간 순간이 성공과 실패의 갈림길이다. 결정적 타이밍에 대한 감이 떨어지는 세일즈맨이라면 한 달 동안 계약을 한 건도 달성하지 못하는 저실적자가 될 확률이 높다.

그러므로 세일즈맨에게는 정확한 목적과 성장 과정에 따른 지식과 훈련의 비율이 대단히 중요하다. 훈련이라고 하면 대부분 실내에서 이루어지는 좌식 교육을 생각하는데, 실내 좌식 교육은 입사 초기에 관련 업무에 대한 집중적인 지식 교육을 할 때 적합하다. 그 이후에는 반드시 필드 훈련이 수반되어야 한다.

유치원생이 수영을 배울 때 어떤 과정을 거치는지 본 적이 있는가. 처음엔 허리와 팔뚝에 튜브를 착용하고 간단한 준비 동작과 수영에 대한 지식을 익힌 다음, 한두 달 정도 비교적 얕은 깊이의 수영장에 입수하여 물과 친해지는 법과 물장구 치는 법을 배운다. 그런 후에야 비로소 킥보드를 잡고 20미터 수영장을 한두 바퀴씩 돌며 속도를 붙이고 이후에 고난이도의 수영 주법을 익히는 단계를 거친다.

세일즈 훈련도 수영 훈련과 다르지 않다. 처음부터 세일즈를 잘하는 사람은 극히 드물다. 실내 좌식 교육 20퍼센트, 필드 훈련 80퍼센트의 비율을 적용하여 시기에 맞춰 단계별 훈련을 1~2년간 완수해야 고능률의 세일즈맨으로 성장할 수 있다.

개중에는 실내 좌식 교육만 교육이라고 착각하는 사람들이 있는데, 좌식 교육은 필드 훈련 없이는 아무 의미도 없다. 아무리 실내 수영장에서 수영을 오래 해봤다고 해도 실제 바다에서 생존을 위한 수영을 배우지 않는 한 망망대해에 남겨졌을 때 10분도 버티지 못하는 것과 같은 이치이다.

입사 후 한 달간의 기초 지식 교육 수료 이후에는 좌식 교육에 하루 2시간 이상 투입하지 않는 것이 좋다. 오전 10시 이후는 무조건 고객과의 만남에 투자해야 하는 '활동의 시간'이다. 고능률의 세일즈맨이 되기 위한 이상적인 훈련 시간의 비율은 다음과 같다.

주간 훈련

08:00 - 09:00 팀별 역할연기 및 사례 연구

09:00 - 10:00 팀 미팅 및 상품 연구(화법)

10:00 - 18:00 매일 3명 이상의 고객과의 만남(동행 및 필드 훈련)

야간 훈련

19:00 - 21:00 활동 판매 점검 및 개인별 역할연기, 토의

주말 훈련

10:00 - 12:00 세미나 참가 및 팀별 상품 연구, 역할연기

12:00 - 17:00 기존 고객과의 만남 및 고객 경조사 참석

성공적인 훈련에는 원칙과 시스템이 수반되어야 한다. 훈련 시 반드시 지켜야 할 네 가지 원칙을 들자면 다음과 같다.

첫째, 훈련 대상자를 명확하게 선정하고, 대상자들 중 참가 의욕과 열정이 없는 사람은 절대로 훈련에 합류시키지 말아야 한다.

둘째, 훈련 계획을 수립할 때 교육 수료 후 목표 달성에 대한 명확한 지표를 정해야 한다. 단순히 받아야 하니까 받는 수동적인 교육이라면 이는 시간 낭비에 불과하다. 일반 샐러리맨이라면 이러한 교육을 받아도 큰 문제는 아니다. 본인의 업무에 도움이 안 되는 교육을 받느라 시간을 낭비했다 하더라도 매달 정해진 월급이 나오기 때문이다. 그러나 세일즈맨은 자신의 한 달 영업 목표가 달성되지 않으면 기대만큼의 수입도 얻을 수 없기 때문에 효과 없는 교육이나 시간 때우기 식의 교육은 치명적이다.

셋째, 좌식 교육에는 반드시 지식 교육과 역할연기 교육이 포함되어야 하고, 팀 단위의 문제 해결 능력을 키우기 위한 시간이 병행되어야 한다. 이러한 팀워크 교육은 세일즈업이 혼자 하는 일이 아니라 팀원들이 서로 도움을 주고받아야 하는 일임을 인지하게 한다.

넷째, 반드시 최고의 강사진을 선정해야 한다. 강사진의 눈높이가 바로 교육생의 미래의 눈높이다.

이상의 네 가지 원칙이 수반된 훈련만이 초보 세일즈맨을 베테랑 세일즈맨으로 성장시킬 수 있다. 훈련을 가볍게 생각해서는 강한 조직을 만들 수 없다. 훈련은 세일즈 조직에서 심장과도 같은 역할을 한다. 모든 규칙과 성장과 팀워크가 훈련에 의해 형성되는 것임을 잊지 말아야 한다. 훈련 체계가 무너진 조직은 미래가 없으며 오로지 생계에 급급한 오합지졸의 무리가 될 뿐이다.

매니저가 훈련에 쏟아붓는 열정이 1000도라면, 세일즈맨에게 전해지는 온도는 100도가 된다. 그러나 매니저가 극히 일상적이고 사무적이며 차가운 모습으로 교육에 임한다면 세일즈맨들이 느끼는 열정의 온도는 10도도 채 안 될 것이다.

매니저가 훈련 시간에 얼마나 열정을 담아 집중적인 교육을 시키느냐에 따라서 조직 전체의 움직임과 성장 속도가 달라진다. 훌륭한 훈련을 받은 세일즈맨은 교육 내용을 하나라도 더 자신의 것으로 만들기 위해 선의의 경쟁을 펼치게 된다. 이러한 분위기를 이끌어내는 것은 전적으로 리더의 몫이다.

교육 참석률이 극히 저조하거나, 교육 분위기가 수동적이고 침체되어 있다면 당장 그 교육을 접고 세일즈맨을 뽑는 채용 단계부터 지점 경영 시스템까지 모든 것을 처음부터 다시 시작한다는 마음으로 점검해야 한다.

교육과 훈련에 강한 조직은 극심한 불황에도 살아남는다. 태양의 서커스단을 예로 들어보자. 이미 레드 오션인 서커스 업계에서 동물 보호 단체의 반대 운동이 확산되고 막대한 유지비로 적자가 계속되면서 대부분의 서커스단이 도산할 때 태양의 서커스는 새로운 전략을 짜기 시작했다. 이전과는 전혀 다른 서커스 판을 짠 것이다.

동물을 배제한 독특한 공연과 공포심을 유발하지 않는 밝고 재미있으며 예술적인 음악과 춤이 어우러진 창조적 구성으로 전 세계 90여 개국에서 순회공연을 하며, 최근 10년간 30배 이상의 경이로운 성장을 이루어낸 태양의 서커스는 캐나다 최대의 문화예술 공연 수출업체로 등극했다.

태양의 서커스가 특히 주력한 것은 단원 한 명 한 명의 기량을 최고로 만드는 것이었다. 최고의 기량을 발휘하기 위하여 우수한 인재를 선발하고, 공연단 내에서 '이 정도면 됐어!'라는 말은 아예 할 수 없을 정도로 엄격한 훈련과 팀워크를 통해 최고의 단원으로 성장시켰다.

태양의 서커스는 단원 모두에게 최고의 가죽옷을 입히는 걸로도 유명하다. 적당히 합성 비닐옷을 입혀도 관객은 그 차

이를 전혀 알아차리지 못함에도 불구하고 최고급 가죽옷과 정통 디자이너의 의상을 입히는 것이다. 단원들이 스스로 자신을 가치 있다고 생각하면, 그 자부심이 그대로 관객에게 전달된다고 생각하기 때문이다.

세일즈맨 또한 마찬가지이다. 자신감이 넘치는 세일즈맨은 고객에게 신뢰감을 준다. 그러한 자신감은 제대로 된 훈련에서 나온다. 세일즈 업계에서 훈련은 생명이자 경쟁력이라는 점을 명심하라!

실전에는 리허설이 없다

세상에 훈련과 연습 없이 이루어지는 것은 하나도 없다. 아기가 첫걸음마를 뗀 후부터 무수히 넘어지다 가족들의 응원 속에서 급기야 아장아장 걷는 데 성공하기까지 참으로 많은 시간이 필요하다. 그리고 초등학교에 들어가서 글과 숫자를 배우고 사회인이 되기 위한 가장 초급 단계의 교육을 거친 후 마침내 성인이 되어 첫 직장에서 일과 처세 등을 배우며 사회인으로 차츰 성장하게 된다.

심지어 사랑조차도 연습이 필요하다. 그러나 연습은 오직 실전 전에만 인정된다. 실전에서는 절대로 리허설이 용납되지 않는 것이다. 따라서 연습은 실전을 위한 가장 아름다운 시간이라고 해도 과언이 아니다.

만약 연습을 게을리하거나 바쁘다는 핑계로 빼먹었다면 실전에서 실수를 하거나 성과를 올리지 못할 확률이 높다. 아마추어와 프로의 차이는 연습에 임하는 자세에 있다. 아마추어는 연습을 재미로 적당히 하지만 성공한 프로는 연습에 목숨을 걸고 최선을 다한다.

일전에 VIP 고객 초청 프로암 골프 대회에서 프로 골퍼들 및 VIP 고객들과 함께 서비스 라운딩을 한 적이 있는데, 마침 다음 날 똑같은 코스에서 프로들만의 시합이 열릴 예정이었다. 나와 함께 경기에 임한 프로 골퍼는 18홀을 돌며 나를 코치해주면서 동시에 자신의 샷 컨디션을 점검해야 했는데, 매 홀마다 수첩에 무언가를 열심히 기록했다.

알고 보니 그는 각 홀마다 거리를 측정하고 장애물의 위치와 깊이, 페어웨이 잔디에 물을 주는 스프링쿨러의 위치까지 철저히 파악하면서 다음 날의 시합을 대비하고 있었다. 이러한 사전 점검 없이 골프 대회에 출전했다면 이 선수는 어떻게 되었겠는가? 프로니까 기본은 치겠지만 필시 우승권에는 도달하지 못했을 것이다.

전설적인 프로 권투 선수 무하마드 알리는 "챔피언은 링 위에서 만들어지는 것이 아니라 꿈과 이상과 연습으로 만들어지는 것이다"라고 말한 바 있다. 마찬가지로 세일즈의 성공 여부는 고객과 만나서 상품 설명을 하고 계약을 체결하는 데 있는 것이 아니라 가방을 들고 지점 문을 나서는 순간, 고객을 만나기 전에 이미 결정되어 있다.

세일즈맨으로서 고객의 미래를 위하여 얼마나 많은 시간을 들여 재정 설계를 준비했는지 그리고 준비한 자료들을 고객의 눈높이에 맞추어 이해시킬 수 있도록 얼마나 연습했는지에 따라 계약 성사 여부가 결정되는 것이다.

만약 당신이 피아노 독주회를 하는데 충분히 연습하지 않고 무대에 올라갔다고 생각해보라. 연주자로서의 자신감과 여유는 찾아볼 수 없을 것이다. 스스로에 대한 자신감 부족으로 인해 청중들과 시선도 제대로 마주치지 못하고, 긴장하여 뻣뻣하게 굳은 손가락 때문에 자연스럽고 아름다운 소리도 내지 못할 것이다. 그 같은 변화는 연주자 스스로가 제일 먼저 느낄 수밖에 없으며 그런 다음 청중들도 느낄 것이다.

삶은 실전이고 실전에서 승리하려면 오로지 밤잠을 안 자고 연습하는 방법밖에는 없다. 게으른 천재는 평범한 연습벌레를 당해낼 수 없다. 연습, 연습, 연습을 반복하라. 이만하면 되었다는 말은 프로에게 가장 사치스러운 표현이다.

변화가 거대한 파도처럼 자신을 덮치게 하라

포뮬러원(F1) 자동차 경주를 보면 출발선에서 차들이 엄청난 굉음을 내며 분당 회전수(RPM)를 올린다. 최대한 마력을 올려서 1분 1초라도 더 빨리 출발하기 위함이다.

기업이나 개인이 혁신하고자 한다면 천천히 혁신하겠다는 생각부터 버려야 한다. 변화하고자 한다면 그 즉시 실행해야 한다. 변화하지 않으면 변화당할 것이다. 그것도 모든 것을 잃은 채 말이다! 이 얼마나 무서운 말인가? 이 엄정한 말은 변하지 않는 세상의 이치를 담고 있다. 변화하지 않으면 그 대가를 톡톡히 치르게 된다는 진실 말이다.

변화에는 적어도 3개월의 시간이 필요하다. 3개월은 인간이 반복을 통해 세포에 변화를 각인시키는 데 걸리는 최소한의 시간이라고 볼 수 있다. 만약 이 시간 안에 세포에 변화를 각인시키지 못한다면 그 변화는 실패로 그칠 가능성이 높다.

일례로 세계적인 축구 선수 데이비드 베컴의 절묘한 프리킥의 비밀은 바로 끊임없는 반복 연습이었다. 그는 매일 골대 한쪽 구석에 작은 상자를 세워놓고 그 구멍 속으로 수백 번씩 슛을 하는 연습을 했다. 이 과정을 통해 킥 감각과 각도를 발목에 각인시켜 어떠한 상황에서도 정확한 방향으로 골을 넣을 수 있게 되었다. 한번 각인된 감각은 웬만해서는 사라지지 않기 때문이다. 궤도에 오르기 위해서는 첫 3개월 동안 폭풍우가 몰아치듯이 자기 자신을 몰아쳐야만 한다.

느긋하게 시간을 보내면서 변화하길 원한다면 몸과 마음이 따로 노는 현상을 경험하게 될 것이다. 이 같은 현상이 지속되면 실패 경험이 쌓여 트라우마로 이어질 수도 있다. 변화하고자 하는 사람은 첫 3개월 동안 강한 정신력으로 자신과의 싸움에서 승리해야만 한다. 그리고 3개월 후 자신의 변화된 모습을 이미지화하는 훈련을 해야 한다. 변화를 위하여 희생한 현재의 시간이 3개월 후 달콤한 승리의 보상으로 돌아온다는 확신을 가지고 도전해야 한다.

세일즈 극기 훈련 프로그램에서 보험 세일즈업에 갓 입문한 직원들을 훈련시키면서 아침 7시에 출근하여 밤 12시까지 훈련하는 일정의 극기 훈련을 3개월간 진행해왔는데, 이때 생긴 근성으로 직원들이 어떠한 어려움도 무난히 극복하는 것을 목격해왔다. 교육 마지막 날 전원이 밤을 새워 훈련하는 프로그램을 추진하자 그다음부터는 웬만한 야근은 대수롭지 않게 생각하며 적응하는 것을 보기도 했다. 이때 훈련에 참가했던 직원들은 15년이 넘은 지금 아주 우수한 성적으로 보험업계에서 인정받는 세일즈맨 또는 세일즈 매니저들로 성장해 있다.

혼과 열정과 도전이 합쳐져 빛을 발하기 시작할 때 영업은 성공한다. 일단 변화하고자 결심했다면 변화를 두려워하지 말고 거대한 파도처럼 변화가 자신을 힘껏 덮치게 하라. 그러면 그 변화가 거대한 바다로 인도해줄 것이다!

베이스캠프를 이끄는
산악대장처럼

영업 지점은 에베레스트산 정상을 올라가기 위한 전초기지와도 같다. 정해진 일정에 맞춰 한 치의 오차도 없이 식량과 장비를 제공하고 루트를 개발하며 산악대원들의 정신적, 육체적 건강을 유지시켜주는 가장 중요한 역할을 하는 곳이다. 따라서 이 베이스캠프를 이끄는 산악대장은 그야말로 모든 부분에 차질이 없도록 사전 준비와 점검을 철저히 하고 기상 상황 등을 파악해 조치를 취해야 한다. 이러한 부분에 조금이라도 오차가 발생한다면 그것은 곧바로 전 대원의 생사와 직결될 것이기에 어느 것 하나도 소홀할 수 없는 것이다.

세일즈업에서 산악대장과 동일한 역할을 담당하는 각 영

업 지점의 리더들은 회사로부터 지점별 비즈니스 목표 달성 및 효율 증대를 위한 영업력 강화라는 당면 과제를 부여받는다. 그러나 동일한 과제를 부여해도 어느 지점은 성과가 높게 나오는가 하면, 어떤 지점은 지점이라고 할 수 없을 정도의 열악한 성과를 나타내는 등 결과치는 각기 다르다. 여기에는 여러 가지 원인이 복합적으로 작용하지만 가장 큰 원인은 지점을 책임지는 리더의 핵심 역량에 있다고 해도 과언이 아니다.

지점은 리더가 바라보는 방향대로 움직인다. 만약 리더의 철학과 리더십이 제대로 형성되어 있지 않다면 그 지점은 시간이 흐를수록 더욱더 부진의 늪에서 빠져나오기 어려울 것이다. 이런 일을 방지하기 위해서는 네 가지 지점 경영의 원칙을 적용해야 한다.

첫째, 한 방향으로 모든 것을 함께할 수 있는 동역자들을 양성하라. 조직의 허리 역할을 하는 2선의 리더(Second Line Leaders)들이 제대로 된 역량과 열정을 가지고 팀에 동참하고 있는가? 혹시 겉으로는 동참하는 척하고 돌아서서는 딴짓을 하는지 파악해야 한다. 만약 이러한 이중적 행동을 하는 중간 리더가 있다면 그 조직은 절대 한 방향으로 움직일 수 없다. 최고의 리더는 훌륭한 2선 리더들의 조력이 있어야만 탄생될 수 있다. 리더 혼자서 전체 조직을 이끌어간다는 착각은 일찌감치 버려야 한다.

조직의 CEO들이 각 부문의 참모 선발에 심혈을 기울이는 것은, 참모를 잘못 선발하게 되면 전략적 업무 수행을 기대할 수 없을 뿐만 아니라 언제든 치명적인 문제가 발생할 수 있기 때문이다. 마찬가지로 영업 지점의 리더들은 회사로부터 한 지점의 경영 권한을 위임받은 자로서 그 누구보다도 책임감이 막중하다. 그런 의미에서 자신의 영업 철학과 방향 및 시스템을 함께 나누고 발전시킬 최고의 참모진 선정이 그 어떤 일보다 중요하다는 것은 아무리 강조해도 지나치지 않을 것이다. 영업력의 격차가 여기서 시작된다는 사실을 잊지 말고 최고의 중간 리더들을 양성해야 한다. 그리고 그들과 함께 출발하라!

둘째, 지점 성장의 가장 중요한 원동력인 교육 시스템을 구축하라. 시간이 흐르면 지점은 자연스럽게 고참 사원과 중간 사원 그리고 신참 사원들로 구성되며, 회사의 목표치를 달성하는 세일즈맨과 중간 레벨의 세일즈맨 그리고 부진한 세일즈맨으로 구분된다. 이렇게 경력별, 실적별로 구분되는 다양한 그룹의 사원들에게 천편일률적인 교육을 시키면서 영업력 향상을 기대하는 지점장이라면 잘못되어도 한참 잘못된 시대착오적인 리더라고 볼 수 있다.

각 지점의 세일즈맨들은 성향이 각기 다르고 단순히 월급만을 위하여 동참한 사람들이 아니므로 영업력 향상을 위해 그에 합당한 교육적 지원이 이루어져야 한다. 일상적인 공지사항은 정해진 미팅 시간에 전체를 대상으로 일사불란하게 전달하고, 그다음부터는 그룹별 특성에 맞는 '특화 교육 프로그램'을 구축해 교육을 시행해야 한다.

말기 암 환자들을 감기 환자들과 같은 병상에 놓고 기침약과 해열제만 처방한다면 암 환자가 견뎌낼 수 있겠는가? 문제는 지점장들 중 미팅 시 공지사항 전달을 교육이라고 착각하는 리더들이 많다는 점이다. 본사에서 내려오는 공지사항과 업무 내용 전달은 교육이 아니다.

진정한 영업력 향상을 위해서는 반드시 그룹별 교육 대상자들을 엄선하여 정해진 시간에 특화된 교육을 실시해야 한다. 이때 교육에 임하는 대상자들의 태도와 참가 여부 등을 철저히 확인하여 태도 불량자나 무단 불참자가 발생하면 과감하게 퇴출해야 한다. 이러한 강력한 시스템 없이는 교육의 권위가 제대로 서지 않는다.

셋째, 입사 1년차 이하의 세일즈맨을 집중적으로 키워라. 입사 후 가장 탈락률이 높은 세일즈맨은 7차월 미만과 13차월 미만 순으로 나타난다. 이때 50~60퍼센트 이상이 탈락한다.

1년 동안 지점에서 10명을 뽑아 5명이 1년 이내에 탈락한다고 할 때, 탈락하는 5명이 전문적인 교육과 동기 부여를 통한 비전과 관심을 지속적으로 받았다면 최소한 2~3명은 살아남을 수 있다. 물론 처음부터 제대로 된 선발 프로세스를 통해 양질의 세일즈맨을 뽑았다는 것을 전제로 한다면 말이다.

많은 세일즈맨이 1년 이내에 탈락하는 것은 지점에서 1년 이내에 받아야 하는 필수 훈련 프로그램이 부족하기 때문이다. 대충 한 달 정도 육성 교육을 시켜놓고 그다음부터는 신입 세일즈맨 혼자서 모든 일을 대처하게 하다보니 두려움이 쌓이고 회의가 들게 되는 것이다. 일단 자신감을 상실하게 되면 초보 세일즈맨은 좀처럼 마음을 추스르기가 어렵다. 그러다보면 출근 자체가 괴롭고, 고객 만나는 것 또한 두려워져 자연스럽게 탈락의 길로 들어서게 되는 것이다.

지점장들은 입사 1년차 세일즈맨을 위한 기본 교육 프로그램과 육성 비전 프로그램을 동시에 마련해야 한다. 그리고 이 세일즈맨이 정확하게 1년 동안 성공 레이스를 마치고 돌아올 수 있도록 지속적인 격려와 관심을 보여야 한다. 좀 더

구체적인 방법을 언급하자면, 이들에게 반드시 최고의 멘토들을 붙여주어야 한다. 이를 위해 적어도 일주일에 2~3번 이상은 멘토 프로그램을 운영하여 선배의 역량을 경험할 수 있는 기회를 줄 것을 권한다.

골프를 배우든, 스케이팅을 배우든, 유도를 배우든, 초보자들이 들어와 기본적인 교육을 받고 나면 그다음부터는 선배 고수들을 보면서 성장하는 것이다. 처음 한 달간 기본 교육이 끝나면 3~6개월 동안은 반드시 팀 매니저가 필드 전담 교육을 실시하고, 그다음 7~12차월부터는 교육생의 역량과 성격에 맞는 멘토를 선정하여 일대일 멘토링 프로그램을 실시하는 것이 무엇보다도 중요하다.

넷째, 지점 경영에서 제3선의 예비 리더들을 육성하라. 지점의 성장은 지속적인 리더 후보자들의 발굴과 육성에 달려 있다. 어려운 상황에 처한 지점을 보면 그 지점에 리더를 꿈꾸는 중간 리더들이 없다보니 지점 자체의 비전 동력이 없어진 것을 알 수 있다. 비전을 상실한 조직은 슬럼화되어 더 이상의 희망을 찾지 못한 채 피폐해진다.

회사를 이끌어가는 CEO가 조직 규모를 성장시키지 못하고 구성원들 또한 더 이상 성장하지 못한다면 그 회사는 어떻게 되겠는가. 임직원들은 회사에 대한 충성심이나 자부심

없이 월급만을 위해 희망이라곤 없는 출근을 할 것이다. 영업 조직도 이와 다르지 않다. 생동감 있고 역동적인 조직으로 성장시키기 위해 지점장이 팀 내부에서 제2선, 제3선의 리더 후보자를 발굴하고 사전 육성 프로그램을 통해 비전과 목표를 한층 강화시켜준다면 그 조직은 지속가능한 성장과 발전을 거듭하게 된다.

만약 육군사관학교가 없다면 정예화된 장교들이 지속적으로 배출될 수 있겠는가? 정예화된 군대 조직은 바로 정예화된 장교들에 의해 만들어진다. 지속적으로 성장하는 조직은 제2선, 제3선의 리더 후보자들이 강력한 조직이다. 중간 리더들에게 지점의 성장에 기여할 수 있는 합당한 역할을 부여하라. 중간 리더들의 성장이 곧 지점의 성장이다!

운명이 우리에게 보내는 메시지

"운명은 용기 있는 사람에게는 약하고, 비겁한 사람에게는 강하다!" 고대 로마 철학을 대표하는 철학자 세네카는 이렇게 말했다. 우리는 일생을 살아가면서 수많은 선택을 한다. 인생에서 선택은 피할 수 없는 것이고 그래서 인생은 참으로 묘미가 있는 것이다.

테슬라의 창업자이자 CEO인 일론 머스크의 어머니 메이 머스크는 50년간 모델 활동을 해왔는데, 69세의 나이에 세계적인 뷰티 브랜드 '커버걸(Cover Girl)' 의 공식 모델로 선정되어 최신 브랜드 홍보 대사를 맡게 되었다. 메이는 인스타그램을 통해 "오랜 세월 커버걸의 멋진 모델을 동경해왔던 내가 69세의 나이에 이렇게 될 줄 누가 알았겠는가"라며 "이

것은 결코 그 무엇도 중도에 포기해선 안 된다는 것을 보여주는 일"이라고 말했다. 이어 그녀는 "아름다움은 진정 모든 연령대의 여성을 위한 것"이라고 덧붙였다.

메이의 성공은 결코 우연히 찾아온 것이 아니다. 세 아이를 훌륭하게 키워낸 싱글맘이자 워킹맘이면서 두 개의 석사 학위까지 딴 열정적인 여성으로 살아온 결과인 것이다.

살면서 어떠한 선택을 하느냐에 따라 운명이 바뀌게 되는데, 중요한 것은 절대로 현재의 삶에 안주하거나 중도 포기해선 안 된다는 점이다. 인간의 삶은 도전의 연속이다. 하나의 도전이 달성되면 또 다른 도전을 위해 부단히 나아가야 한다. 도전은 인생의 동기가 되기 때문이다.

우리는 바다를 보면 배를 타고 수평선 너머의 세상을 향해 하고 싶고, 산을 보면 정상에 오르기를 희망한다. 올림픽 신기록이 수립되면 그 기록을 깨기 위해 열정을 불사르기도 한다. 헬렌 켈러는 "매일매일 도전하지 않고 얻을 수 있는 것은 아무것도 없다"고 했다. '이제는 나이가 들었으니 더 이상의 도전은 무리다, 은퇴를 해야겠어!'라고 생각하는 순간, 더 이상의 희망 없이 죽을 날을 기다리는 나약한 노인으로 전락하게 될 것이다.

보험 세일즈를 하는 후배들을 보면 자신이 정해놓은 3W,

즉 매주 3건의 계약 체결이라는 목표를 위해 혼신의 노력을 다하면서 도전하는 후배가 있는 반면, 3W는 자신에게 너무 높은 목표라며 일찌감치 포기하는 후배도 있다. 적어도 100주 이상 3W를 달성하겠다고 도전하는 후배를 보면 아무리 못해도 50주까지는 달성한다. 그러나 10주 연속 3W를 하겠다고 도전하는 후배는 3주도 못 가서 포기한다. 도전 목표가 소극적이면 결과도 미미할 수밖에 없다.

자기 능력의 120~130퍼센트 이상 발휘할 수 있도록 도전 목표를 잡아야 100퍼센트를 달성할 수 있다. 이미 손에 잡히는 도전은 도전이 아니다. 극한의 목표를 세워라! 그리고 극한의 도전을 하라! 그러면 원하는 결과를 이룰 수 있다.

대만의 한 보험 세일즈우먼은 1991년 보험업에 입문하여 26년 동안 매주 3건의 생명보험 계약을 체결해오고 있으며 현재 3W를 1300주 이상 진행 중이다. 나는 그녀를 지켜보면서 자기 자신에 대한 끊임없는 도전이야말로 평범한 여성을 비범한 여성으로 만드는 마법임을 깨닫게 되었다.

도전은 희망하는 자의 것이고, 행동하는 자만이 달성할 수 있다. 지금까지 살아온 과정을 돌이켜보면 도전하지도 않았는데 저절로 이루어진 일은 단 하나도 없다는 것을 알게 될 것이다. 올바른 방향이고 도전할 만한 가치가 있는 목표라면, 먼저 그 목표를 성취했을 때 얻게 될 것들을 그려보라. 그리고 목표를 달성하고자 하는 강한 열정을 품어라. 그런 다음 돌아보지 말고 행동으로 도전하라. 그러면 꿈이 현실로 다가올 것이다.

PART 3

열정은 우리를 세상으로 인도하는 손길

네 스스로 맛을 느껴라

하와이의 김치 공장 사장인 한인 2세 할머니에게 전통의 김치 맛을 전수받기 위해 자녀들이 김치 재료와 배합 비율을 묻자 할머니는 단호하게 거절하며 이렇게 말했다. “네 스스로 맛을 느껴라. 그리고 너만의 맛을 개발하라.” 김치 맛의 비결을 간단히 적어주면 끝날 일이다. 하지만 이 할머니는 자신이 평생 개발하고 지켜온 맛을 그대로 자손들에게 전수했을 경우 시대가 지나면서 그 깊은 맛이 없어질 거라는 사실을 알고 있었다. 후손들이 결코 그 깊은 맛을 지켜낼 수 없다고 판단한 할머니는 그들만의 비법을 스스로 익히도록 한 것이다.

성공의 방법을 알려준다고 해서 누구나 성공한다면 이 세상에 실패할 사람은 없을 것이다. 자신만의 방법과 기술을 지속적으로 개발하고 연구하며 각고의 노력을 기울이지 않는 한 성공은 쉽게 찾아오지 않는다. 건강을 위하여 운동이 너무도 중요하다는 것을 알고, 또 운동하는 방법을 배웠다고 해도 정해진 시간에 정확한 동작으로 지속적으로 운동하지 않는다면 무슨 소용이 있겠는가?

내가 운동하는 헬스 클럽에 가면 여러 유형의 사람들을 보게 되는데, 앉아서 30분 정도 핸드폰으로 통화를 한 후 운동은 하는 둥 마는 둥 마치고 사우나만 하고 가는 사람이 있다. 이 사람은 헬스 클럽까지는 왔으나 정작 운동은 10분도 채 안하고 가는 셈이다. 이렇게 10년을 헬스 클럽에 다닌다고 한들 건강에는 전혀 도움이 되지 않을 것이다.

그러나 정확한 방법으로 꾸준히 운동하면서 엄격하게 자기 관리를 하는 사람을 보면 몸 전체가 균형이 잡혀 있고 근육이 남다르다. 근육은 긴장과 이완을 반복하며 몸에 하중을 줄 때 찢어질 듯한 고통 속에서 탄생된다. 근육이야말로 자신과의 싸움에서 승리했음을 보여주는 징표인 것이다.

세일즈 또한 운동과 다르지 않다. 매주 3건 이상의 계약을 체결하며 지속적으로 판매를 이끌어내는 세일즈맨은 결국 자기와의 싸움에서 승리할 수 있는 정신력으로 무장된 사람이다. 앞서 언급한 운동의 3원칙은 세일즈 원칙에서도 맥을 같이한다. 즉, 정확한 시간에, 정확한 동작으로, 지속적으로 반복해야 한다. 이 같은 운동의 3원칙이 바탕이 되지 않는다면 경쟁의 정글에서 살아남을 수 없다.

국민 타자로 불렸던 야구 선수 이승엽은 "혼을 담은 노력은 결코 배신하지 않는다"를 좌우명으로 삼고 끊임없이 스스로를 격려하고 노력했다. 그 과정에서 이승엽 선수는 특히 두 가지를 유념했는데, 첫째는 "평범한 노력은 노력이 아니다"라는 것이고, 둘째는 "프로는 결코 두 번 실패하지 않는다"라는 것이었다. 그는 42호 홈런 이후 슬럼프가 찾아왔을 때 자신의 경기 비디오를 면밀히 검토하여 타격 폼이 흔들리는 것을 파악한 후 슬럼프에서 탈출하기 위해 뼈를 깎는 노력을 했다. 이러한 정신력이 있었기에 이승엽 선수는 현역 시절 450개 이상의 홈런을 칠 수 있었다.

성공하는 세일즈맨의 공통점 또한 이와 같다. 세일즈에 실패했을 때 좌절하거나 포기하는 것이 아니라 자신의 부족한 부분을 찾아 보완하고, 빠른 시기에 또 다른 계약을 체결하기 위하여 최선을 다해야 한다.

신이 허락한 선물 24시간

지구상의 모든 사람에게 공평하게 주어진 것이 두 가지 있다. 모두가 하루에 24시간을 산다는 것과 사람은 누구든 반드시 죽는다는 것이다. 그 죽음의 날이 언제일지는 알 수 없지만 말이다.

신이 인간에게 언제 죽을지 그 시기를 알려주지 않은 것은 정말 신의 한 수이다. 만약 인간이 죽음의 시기를 사전에 알 수 있다면 인류는 그야말로 대혼란에 휩싸일 것이다. 자신의 죽음을 차분히 준비하는 사람도 있겠지만, 죽기 직전에 무책임한 일들을 수없이 저질러놓고 떠나는 사람들도 많을 것이기 때문이다.

생각해보면 우리는 매일 알게 모르게 죽음을 경험한다. 아침에 일어나서 밤에 자기 전까지는 살아 움직이는 시간이고, 잠이 들어 있는 동안은 육체적 움직임이 정지된 채로 일시적 가사 상태에 빠져 있는 것이라고도 볼 수 있으니 말이다. 즉, 일종의 수면 가사 상태로서 모든 활동이 정지되고 생각도 통제 불가능한 시간을 맞는 것이다.

따라서 24시간을 어떻게 살아가야 할지 진정으로 깨닫지 못할 경우 인간은 무의미한 연속선상에 놓여 있는 하찮은 존재에 그칠 수 있다. 만약 아침에 깨어나서 하루 24시간이라는 돈으로도 바꿀 수 없는 귀한 선물에 대한 감사함을 느끼지 못한다면 많은 것을 놓치고 산다고 해도 과언이 아니다. 신이 준 귀한 선물 24시간을 어떻게 사용하느냐에 따라 모든 사람의 인생이 바뀌기 때문이다.

24시간을 가지고 공평하게 매일을 시작하는데, 누구는 10시간도 채 사용하지 못한 채 끝을 맺고, 누구는 주어진 24시간을 가치 있게 보내며 하루를 맺는다. 매일 이러한 일상을 반복적으로 사는 사람이 80세에 똑같이 수명을 다하여 사망한다고 가정하면 두 사람은 모두 80년을 산 것일까? 천만의 말씀이다. 육체적 수명은 같을지 몰라도 질적 가치수명은 큰 차이가 날 수밖에 없다.

그렇다면 하루의 가치를 최고로 창출하기 위한 가장 좋은 방법은 무엇일까? 새벽 시간을 활용하는 것이다. 새벽 시간의 활용을 습관화하면 따라오는 장점이 이루 말할 수 없이 많지만 그중 몇 가지만 꼽아보겠다.

첫째, 시간의 효율적 활용을 통하여 삶의 질을 향상시킬 수 있다. 미명의 시간은 우주 만물이 기지개를 펴는 순간으로, 이때야말로 하루 일과를 누구보다 힘차게 시작할 수 있는 가슴 뛰는 준비의 시간이다. 새벽 2~3시까지 친구들과 술을 마시고 인사불성이 되어 집에 들어와 기절하듯이 잔다고 생각해보라. 인생의 가장 귀한 시간인 가슴 뛰는 새벽을 맞이할 수 있겠는가?

둘째, 남보다 두 배 이상의 속도로 살 수 있으며 쾌적한 출근이 보장된다. 새벽 4~5시에 집을 나서면 도로가 텅 비어 있어 어디를 가든 20~30분 이내에 목적지에 도착할 수 있다. 대부분의 사람들이 출근하는 시간에 나도 같이 끼어서 출근한다고 생각해보라. 과연 아침이 비전으로 가슴 뛰는 시간이 될 수 있겠는가?

셋째, 평상시에 하지 못하던 일을 할 수 있는 시간을 얻게 된다. 새벽은 무엇을 하든 온전히 자신만의 시간이므로 무한한 활용이 가능하다. 새벽을 살아 있는 시간대로 디자인하라. 그러면 그 디자인이 현실화될 것이다.

넷째, 규칙적인 생활을 할 수 있다. 우리의 신체 구조는 자연의 법칙과 매우 밀접한 연관이 있다. 지구가 한 치의 오차 없이 자전과 공전을 하듯 우리의 몸도 규칙적이고 일정한 궤도를 유지해야 한다. 그러지 못하면 우리의 몸은 삶의 불균형으로 인한 온갖 질병에 노출된다. 현대인의 질병은 너무 많이 먹어서, 너무 불규칙한 생활을 해서 생기는 것들이 대부분이다. 규칙적인 생활 리듬을 유지한다면 몸은 존중받은 만큼 스스로를 보호할 것이다.

다섯째, 오전에 최상의 컨디션에 도달하는 데 용이하며, 하루 일과를 철저히 준비할 수 있는 시간이 주어진다. 대부분의 성공한 사람들은 혼자만의 아침 시간을 즐긴다. 일을 사랑하고 즐기는 사람은 아침에 자신이 가장 행복해지는 일을 함으로써 스스로에게 선물을 준다.

예를 들어 커피를 좋아하는 사람은 아침에 따뜻한 모닝 커피를 마시면서 평화로운 시간을 만끽하고, 또 어떤 사람은 좋아하는 클래식 음악을 들으면서 하루를 안정감 있게 시작하기도 한다. 그런가 하면 책을 읽거나 무언가를 배움으로써 자기계발의 시간으로 활용하는 사람도 있다. 저마다 새벽 시간에 담는 내용은 다를지라도 '살아 있는 새벽'을 연다는 것만은 공통적이다.

하루의 가치는 새벽 시간의 활용에서부터 결정된다는 것을 명심하고, 그 미명의 시간을 알차게 이용해 삶을 풍성하게 만들기 바란다. 새벽을 누리는 자가 인생을 누린다.

5분을 위한 4년의 투자

올림픽에 출전하는 유도 선수들은 5분 이내에 승부를 결정지어야 한다. 이 5분을 위하여 선수는 4년간 지옥의 고통을 맛보아야 하는 것이다. 그 고통을 이겨낼 수 있는 원동력을 종합해보면 다음의 다섯 가지로 요약할 수 있다.

1. 목표(Target): 반드시 금메달을 딴다는 각오
2. 열정(Passion): 지칠 줄 모르는 열정
3. 연습(Practice): 실전을 방불케 하는 반복 연습
4. 기술(Skill): 상대 선수가 얼떨결에 넘어갈 정도의 빠른 기술
5. 긍정적 자세(Positive Mental Attitude): 항상 승리한다는 긍정적 생각

이 다섯 가지는 비단 올림픽 출전 선수들만의 성공 요인이 아니다. 인생에서 성공하기 위해서는 누구나 이 다섯 가지 핵심 역량을 키워나가야 한다. 특히 신입 세일즈맨이 베테랑 세일즈맨으로 자리매김하기 위해서는 이 다섯 가지 핵심 역량이 기본 전제라고 봐야 한다. 영업 세계는 후퇴가 없는 세계이다. 경제 여건이 좋건 나쁘건 상관없이 세일즈 실적 그래프는 항상 우상향 곡선을 그려야 한다.

매년 성장 곡선을 그리기 위해서는 미션과 목표를 반드시 달성하고자 하는 각오가 필수적이다. 미션을 향해 매일 최선을 다하라. 목표 달성에 실패한 세일즈맨에게 변명은 최악이다. 오직 100퍼센트 이상의 목표 달성을 위하여 매일 도전하라. 인생의 금메달은 가만히 앉아 있는 사람에겐 주어지지 않는다. 미션을 수행하기 위해서는 끊임없는 열정이 수반되어야 한다.

실패한 세일즈맨은 눈에 초점이 없는데 그러한 마음가짐으로는 절대로 성공할 수 없다. 매일 출근하여 동료들과 담배 피우고, 커피 마시고, 식사하고, 남은 몇 시간을 고객과의 만남에 할애하는 생활이 반복된다면 한 달에 한 건 계약하기도 힘들 것이다. 모든 시간은 고객을 위해 할애되어야 한다. 고객에게 신뢰감을 주고 고객으로부터 애정을 받아야 한다.

고객의 근무처는 곧 세일즈맨의 생활 터전이다. 유도 선수가 땀을 흘려야 할 곳이 유도장 매트 위이듯, 세일즈맨 또한 현장에서 승부를 내야 한다. 계약 체결과 아무 상관없는 직장 동료들과 시간을 보내거나, 사무실에서 컴퓨터나 보며 소일하고 있다면 이미 경기는 종료된 것이나 마찬가지이다.

성공하는 운동 선수와 마찬가지로 성공하는 세일즈맨은 끊임없는 반복 연습으로 기량을 끌어올린다. 해가 거듭될수록 만나는 고객의 수준과 상담의 깊이가 달라져야 하므로 지속적인 학습과 노력 없이는 자산가 시장 진입도 불가능하다. 계약 체결에 실패할 수는 있어도 똑같은 상황의 고객을 만나 두 번 실패하는 것은 프로의 세계에서 용납될 수 없는 일이다. 이런 일을 방지하기 위해서는 반드시 하루 활동에 대한 복기가 이루어져야 하고, 부족한 부분은 바로잡고 퇴근해야 한다.

유도를 하다보면 두 눈을 똑바로 뜨고 있어도 상대 선수가 워낙 빠르게 기술을 걸어오는 바람에 꼼짝없이 몸이 매트에 꽂히는 경험을 하게 된다. 이처럼 전광석화처럼 빠르게 기술을 걸 수 있으려면 하루이틀 훈련에 그치는 것이 아니라 끊임없는 반복 노력으로 자신만의 기술을 완성해야 한다.

시대에 뒤처진 기술은 상대방이 간파하여 사전 방어를 철저히 하기 때문에 기술은 항상 진화해야 한다. 새로운 기술을 통해 상대방의 헛점을 파고드는 유도 선수처럼, 세일즈맨 역시 시대적 흐름과 시장의 니즈를 파악하여 지속적으로 기술을 업그레이드하며 시장을 선도해야 살아남을 수 있다.

마지막으로 운동 선수든, 세일즈맨이든 항상 긍정적인 사고로 임해야 성공한다. 이를 위해서는 선천적인 성격도 물론 중요하지만 더욱 중요한 것은 긍정적으로 사고하려는 노력이다. 밝은 음악을 듣거나 긍정적인 성격을 지닌 동료나 지인을 만나는 등 늘 자신을 긍정적인 환경에 노출시켜야 한다.

만약 고객과의 상담에 실패하여 계약 체결이 안 되었다면 그날은 절대로 부정적인 친구나 동료를 만나서 술이나 식사를 함께하지 마라. 계약 실패 이후에는 까다로운 성향의 고객과도 약속을 잡지 마라. 더욱더 절망감이 들 것이기 때문이다. 대신 항상 자신을 지원해주고 아껴주는 멘토나 지인을 만나 긍정을 재충전하라. 핸드폰 배터리나 전기 자동차만 충전하는 것이 아니라 사람도 정기적으로 긍정을 충전해주어야 한다.

그리고 매일 긍정의 샤워를 하라. 가장 좋은 방법은 긍정적인 책을 읽거나 긍정적인 선배의 특강을 듣는 것이다. 이 같은 과정을 통하여 자신의 긍정 지수를 항상 최고치로 올려야 한다. 이러한 긍정적 멘탈 관리는 고객과의 상담을 성공적으로 이끌어주는 귀중한 열쇠가 될 것이다.

어둠을 몰아내는 연습

사방이 컴컴하고 불빛 하나 없는 곳은 걸어가기조차 힘들 정도로 마음을 위축시키곤 한다. 그러나 새벽이 오면 어둠은 어김없이 빛에게 그 자리를 비켜주고 어디론가 흔적도 없이 사라진다. 세상을 제대로 살아가고 싶다면 동이 트는 시간에 맞춰 일어나라. 그러면 당신의 삶도 빛과 같이 밝게 움직이는 것을 느끼게 될 것이다.

현대인은 밤 10시 이후라고 해도 주변이 온통 네온사인으로 가득하기 때문에 쉽게 잠들지 못하고 늦은 시각까지 친구들과 어울려 술을 마시거나 야식을 먹곤 한다. 그러나 이러한 생활 리듬은 우리를 점점 더 영혼의 빛이 없는 세상으로 인도하는 손길이다. 규칙인 생활 리듬을 유지한다면 몸과 마음이 편안해져 완전히 다른 인생을 살 수 있다.

현재의 익숙함에 매몰될 것인가, 아니면 새로운 희망을 찾기 위하여 매일 스스로에게 신성한 결투를 신청할 것인가? 삶은 이 같은 선택의 연속이다. 만약 일상에서 익숙한 것에 매몰된다면 새로운 세계를 접할 기회는 영영 멀어질 것이다. 매일같이 새벽이 찾아와도 오전 9시나 10시에 일어나는 습관에 매몰되어 있다면, 평생 새벽이 무엇인지 알지 못하고 새벽이라는 단어의 사전적 뜻만 인지한 채 생을 마감할 수 있다.

눈을 가리고 있는 안대를 벗어던질 때 비로소 세상을 볼 수 있는 것처럼, 새벽을 경험하면 인생을 새롭게 설계할 수 있다. 어둠은 대체로 재미와 설렘과 유혹과 호기심과 탐심을 불러일으킨다. 그러고는 어느 정도 시간이 지나면 그 굴레를 벗어나지 못하도록 본격적으로 우리를 옥죄고 구속한다. 항상 자신을 밝은 곳에 두고 밝은 면만 바라보고 밝은 곳을 향하여 달려가라. 어둠은 흔적도 없이 사라질 것이다. 그러나 잠시라도 방심하면 어둠은 여지없이 돌아와 당신을 어둠의 세상으로 인도하고 당신의 몸과 마음을 가둬두기 위하여 달려들 것이다.

교통사고로 하반신을 잃은 가수가 나와서 노래를 부르는

데 사회자가 이렇게 질문했다. “수술 이후 가수로서 힘드셨을 텐데 어떻게 이겨내셨습니까?” 그러자 그 가수는 아주 명랑한 얼굴로 “노래를 다리로 부릅니까? 인생은 불행을 노래할 만큼 길지 않습니다”라고 대답했다.

멀쩡한 두 다리를 갖고도 휘청거리며 사는 사람들이 너무도 많은 세상이다.

선택은 인생의 특권

우리 삶은 죽을 때까지 선택의 연속이며 살아가면서 매 순간 선택을 피할 수 없다. 더욱 엄중한 것은 자신이 선택한 이상 그 선택으로 인한 결과 또한 온전히 받아들여야 한다는 점이다. 만약 자신의 선택에 매번 좌절하고 후회한다면 얼마나 어리석은 인생이 되겠는가?

한편으로 인생은 선택할 수 있기 때문에 기대되는 것이기도 하다. 그 어떤 선택도 불가능하다고 생각해보라. 모든 것이 이미 정해져 있다면 매사에 기대도 없고 희망도 없지 않겠는가? 식사 메뉴를 고를 수 없고 자신이 원하지 않은 음식을 먹어야 한다면 점심시간이 그다지 유쾌하지 않은 것과 같은 이치이다.

직업을 선택할 때 처음부터 그 일이 재미있고 자신의 적성에 맞기 때문에 선택했는가? 결코 모두가 그렇지는 않을 것이다. 자신의 환경과 적성에 모든 것이 맞아떨어져 선택하는 경우는 많지 않다. 최선이 아니면 차선을 택하는 것이 리스크를 줄이는 현명한 방법이다. 인생에서 중대한 선택을 할 때는 살면서 겪었던 이런 모든 선택의 경험들이 너무나도 소중한 밑거름이 된다.

학교를 졸업한 후 인생의 첫 직장을 선택할 때 우리는 자신의 적성을 잘 모르기 때문에 많은 사람들이 선택하는 회사에 지원하거나, 자신의 전공과는 전혀 무관한 부서에 배치되어 일을 시작하는 경우가 많다. 그러다 4~5년을 근무하다 보면 자신이 무엇을 잘할 수 있고, 하고 싶은 일이 무엇인지를 알게 되며, 그 일에 도전하기 위하여 차근차근 준비하게 된다.

이렇게 준비된 선택이 자신이 진정으로 원하는 방향으로 가는 '접근적 선택'이라고 할 수 있다. 올바른 접근적 선택을 위하여 필요한 것은 첫째로 신중함, 둘째로 결단력, 셋째로 그 선택을 절절히 갈망하는 열정이다.

우선 신중함에 대해 살펴보자. 실패한 사람들의 공통점은 닥치는 대로 일을 한다는 것이다. 계획 없이 닥치는 대로 직업을 선택하면 커리어는 물론이고 사회적 신뢰성이 바닥에 떨어지게 된다. 인간은 자신이 걸어온 발자취를 바탕으로 성장한다. 그런데 걸어온 발자취가 우왕좌왕인 데다 방향성도 없다면 누가 그 사람의 커리어를 신뢰하겠는가? 인생의 큰 틀을 정해놓고 그 안에서 최고가 되기 위한 전략적 선택을 하라.

일전에 자동차 수리 분야에서 국내 최고의 명장이 TV에 나왔는데, 그는 전 세계 어떤 자동차든 엔진 소리만 들어보면 어느 부분에 결함이 있는지 알고 수리할 수 있다고 했다. 그 명장의 발자취를 보면 그 위치까지 올라가기 위하여 무수히 많은 전략적, 접근적 선택을 했다는 것을 알 수 있다. 각국의 자동차 엔진들을 독학으로 섭렵하고, 회사의 해외 연수 프로그램에 선발되어 귀중한 자기계발의 시간을 얻기도 했다. 다른 사람의 눈에는 기회가 있을 때마다 운 좋게 선택된 걸로 보이겠지만, 그는 인생의 방향을 스스로 선택하여 누구도 쫓아오지 못할 정도로 노력함으로써 기회가 왔을 때 자신이 선택될 수밖에 없도록 준비를 해왔다.

다음으로 결정적 선택을 할 때는 과감한 결단력이 필요하다. 결정적 선택을 해야 한다는 것은 곧 다시는 오지 않을 기회와 타이밍을 잡았다는 의미이다. 이런 경우에는 리스크가 상존하기 때문에 대부분의 사람들이 섣불리 선택하지 못한다. 결정적 순간에 올바른 선택을 내리고자 할 때 적용할 수 있는 네 가지 기준이 있다. 만약 이 범주에 들지 않는다면 아무리 좋은 기회가 찾아왔더라도 선택을 보류하는 것이 현명한 처사이다.

1. 이 선택이 법과 사회적 규범에 합당한가를 파악하라.
2. 경험과 성과를 바탕으로 그 분야에서 자신의 가능성을 냉정하게 평가하라.
3. 선택하려는 분야가 미래 지향적이며 발전 가능한가를 파악하라.
4. 함께하는 사람들이 윤리적이며 도덕적인가를 파악하라.

만약 이 네 가지 기준을 모두 만족시킨다면 독립하여 자신만의 회사를 설립하든, 스카우트 제의를 수락하든 그다지 큰 리스크는 발생하지 않을 것이다.

끝으로 올바른 접근적 선택을 위해선 불타는 열정이 있어야 한다. 집채같이 거대한 산맥을 집어삼킬 듯이 타오르는 불길도 처음에는 낙엽을 태우기 위한 아주 작은 불씨에서 시작된 것이다.

마찬가지로 불타는 열정도 일상의 작은 열정에서 시작된다. 당신이 최고의 기업을 만들든, 위대한 조직을 만들든 처음 시작할 때는 그 결과를 알 수 없다. 중요한 것은 오직 당신의 열정이 지금 살아 있느냐이다.

대걸레의 철학

보험 세일즈 경력 20년차의 후배가 있다. 아이가 어릴 때 입사했는데 이제는 그 아이가 성장하여 아기 엄마가 되었다. 그 후배는 입사 때부터 지금까지 한결같이 성실한 모습으로 '성실은 평범한 사람을 비범하게 만들어주는 가장 중요한 요소'임을 다시 한 번 깨닫게 해주었다.

처음 회사에 들어왔을 때 아침 8시 30분이 출근 시간인데도 이 후배는 항상 아침 7시에 출근하여 모든 직원의 책상을 걸레로 닦아주곤 했다. 여기저기 널려 있는 지저분한 서류들을 정리하고, 사무실 바닥까지 대걸레로 닦아 출근하는 직원들의 마음을 훈훈하게 만들어주는 정말 없어서는 안 될 직원이었다.

며칠 청소하다가 그만둘 것이라며 곱지 않은 시선을 보내는 선배 직원들도 있었다. 그러나 20년이 지난 현재까지도 이 후배는 매일 아침마다 이러한 섬김의 행동을 이어오고 있다. 그러다보니 이 지점에 들어오는 후배들은 지점을 위하여 한 가지씩 도움이 되는 역할을 자처하는 분위기가 자연스럽게 형성되었다. 이 지점은 항상 가족 같은 분위기 속에서 어려운 시장 환경을 잘 극복해나가고 있다.

이 후배에게 왜 20년 동안 직원들의 책상을 손수 닦아주고 있냐고 묻자, 지점은 바로 자신의 몸과 마음을 수련하는 곳이고, 자신의 미래를 담는 그릇이므로 아끼고 사랑하는 것뿐이라고 대답했다. 이 후배는 현재 MDRT 종신 회원으로 성공적으로 일하고 있다.

나는 운동 선수들이 위대한 선수로 성장하거나 그저 그런 보통 선수로 남는 것은 연습장에 어떠한 마음가짐으로 나오는가에 달려 있다는 걸 이 후배를 보면서 새삼 깨닫게 되었다. 매일 연습장에 30분 전에 나와서 복장을 정갈하게 한 채 몸을 풀고 준비하는 선수가 있다면 그 선수는 반드시 발전하고 성장할 것이다. 그만큼 성공에는 기본을 지키려는 마음가짐이 중요하다.

세일즈맨이면서 샐러리맨처럼 행동하는 직원들을 종종

보게 되는데, 이들은 자신의 직업에 대한 개념이 극히 부족하거나 성공의 크기가 그 정도에 맞추어져 있다고밖에 볼 수 없다.

세일즈맨에겐 시간 개념과 공간 개념을 초월하는 마음가짐이 필요하다. 6시 정시 퇴근이라는 개념은 세일즈맨에겐 사치스러운 발상이다. 자신에게 급여를 주는 사람은 바로 고객이고 고객에게 물건을 팔지 못하면 시장에서 퇴출되는데도 불구하고, 정시에 출근하여 정시에 퇴근하는 샐러리맨처럼 사고하고 행동하는 세일즈맨 후배들을 보면 성공의 한계를 스스로 제한하는 것 같아 안타까울 때가 많다.

시간과 장소를 초월하여 활동하는 것은 세일즈맨에게 일종의 권리이다. 스스로 자신의 인생을 책임질 줄 아는 근성을 가진 사람들만이 세일즈업에서 성장할 수 있다. 만약 사사건건 지시와 점검을 받는 것에 익숙하다면 절대로 세일즈업에 도전해서는 안 된다.

세일즈맨으로 성공하기 위해서는 세 가지 요소를 갖춰야 한다.

첫째, 24시간 자신의 일에 집중하고 고민하여야 한다. 부족한 부분을 어떻게 보완할 수 있는지 해법을 찾기 위하여 끊임없이 노력해야 한다. 그러기 위해서는 머리맡에 항상 메모지를 두고 꿈에 세일즈에 도움이 되는 아이디어가 나오면 그 자리에서 일어나 메모하고 다시 잘 만큼 늘 일을 염두에 두고 있어야 한다.

둘째, 정해진 시간에만 일하지 않는다. 프로는 자신의 일을 마치는 시간이 퇴근 시간이다. 퇴근 시간만 바라보는 샐러리맨 생활을 동경한다면 일찌감치 직업을 바꾸는 것이 현명하다. 그래서 세일즈맨은 자신이 한 만큼 급여를 받는 것 아니겠는가? 자신의 급여를 스스로 정하고 뛰는 직업이 바로 세일즈맨인 것이다.

셋째, 끊임없이 연구하고 지속적으로 도전해야 한다. 자신의 직업에 대한 전문 지식은 연봉에 직결될 만큼 대단히 중요하다. 프로는 항상 배움을 게을리하지 않을 뿐만 아니라 어느 누구에게든 배울 준비가 되어 있어야 한다. 보험 세일즈 경력 40년 이상인 선배가 있는데, 그는 80세가 가까워오는 현재까지도 매일 지점에 가장 먼저 출근하고, 손자뻘 되는 후배에게도 배움을 청하는 겸손한 자세를 유지하고 있다.

일에 대한 시간 배분을 어떻게 하느냐에 따라서 지속적인 발전을 이룰 수 있다. 세계적 기업들을 보면 일 년 동안 벌어들인 순이익 중 적어도 5퍼센트에서 많게는 20퍼센트 이상을 연구개발에 투자하고 있다. 이 투자가 바로 기업의 미래 먹거리를 창출해주듯이 개인도 자신의 수입과 시간을 자기계발에 재투자하지 않으면 전문가로서의 위치를 지켜나갈 수 없다.

정기적으로 세미나에 참석하여 새로운 지식과 트렌드를 익히고 승자들과의 인맥을 통해 성공의 크기를 키워나가야 한다. 회사는 인재를 키우기 위해 모든 조력을 아끼지 않기 마련인데, 이러한 조력의 파도를 성공적으로 타고 넘을 때 개인의 성장도 가능하다.

PART 4

변화하지 않으면 변화당한다

독수리처럼 비상하고 싶다면 닭처럼 날지 마라

모든 일에는 기초가 있다. 그 기초에는 항상 '부지런함'이 전제되어야 한다. 부지런함 없이는 성공도 어렵다. 현재 성공을 꿈꾸고 있다면 부지런함이 기본임을 인정하고 먼저 자신에게 물어보라. "나의 가치는 무엇인가?" 남들과 차별화되는 핵심 가치를 가지고 있다면 그 방향으로 전력질주하라. 그러면 반드시 그 분야에서 성공할 것이다.

대다수의 사람들은 남의 눈을 의식하여 정해진 틀 안에서 생각하고 행동하려 한다. 사람들은 다수가 향하는 방향으로 쫓아가려고 하는데 성공하기 위해선 자신만의 색깔과 생각이 있어야 한다.

패션계 카리스마를 대표하는 인물인 조르조 아르마니는

인터뷰에서 이렇게 말한 바 있다. "작품을 세상에 공개해야 하는 사람에게 비평은 숙명이다. 생각이 다른 이들에게 나의 작품을 내놓을 때 그들은 여지없이 혹평을 한다. 그러나 나는 고객을 기쁘게 해야 한다고 생각하지, 전문 비평가를 기쁘게 할 생각은 없다. 내게 정말 중요하고 유일한 비평가는 내 옷을 사랑해주는 고객뿐이다."

자신의 일에 대해 중심이 잡혀 있어야 성공할 수 있다. 만약 조르조 아르마니가 비평가의 독설을 두려워했다면 패션계에서 자신만의 독창적인 스타일을 완성하지 못했을 것이다. 비평은 비평가의 일일 뿐이다. 정작 그들에게 옷을 디자인해보라고 하면 파자마 한 벌도 만들지 못할지 모른다. 세상의 비평을 두려워하지 않고 과감히 도전한다면 자신만의 세상을 열어갈 수 있다.

내가 33년 전 처음 발을 내디딜 때 보험은 금융산업에서 가장 낙후된 분야 중 하나였다. 당시만 해도 보험이 왜 필요한지, 왜 보험에 가입해야 하는지에 대한 인식조차 없던 시절이었다. 가장 선호하는 직업은 안정된 은행이나 증권사 또는 대기업에서 수출과 무역을 담당하는 직종이었다. 보험 영업은 자신의 실적을 통하여 성장하는 일이기 때문에 사회 초년생들에겐 두려울 수도 있었을 것이다.

그러나 패러다임이 바뀌면서 사회 분위기가 철저한 성과주의 시스템으로 변화하게 되었고, 책상에 앉아서 수동적인 업무를 하던 친구들이 40대 중반에 거리로 내몰리는 현상을 보게 되었다. 이제 세상은 더욱 빠른 속도로 변해가고 있다.

성공한 사람들의 공통점은 시대를 먼저 읽고, 어떠한 일이든 항상 낙관적으로 생각하고 문제를 풀어나간다는 것이다. 삼성그룹의 창업자인 이병철 회장이 비서실에서 다음 해 경제 상황에 대한 브리핑을 받을 때의 일이다. 발표를 하는 임원이 다음 해의 경제 상황은 주변 환경 등으로 인해 대단히 어렵다고 보고하자 이병철 회장은 이렇게 말했다. "경기가 좋다고 해서 장사가 잘되는 것도 아니고, 경기가 안 좋다고 해서 장사가 안 되는 것도 아니다. 내년 경제 전망이 안 좋다고 하니 잘될 수 있는 것을 찾아서 다시 보고하라." 이처럼 성공한 사람들은 사물을 간파하고 핵심을 이끌어낼 줄 아는 안목을 가지고 있다.

보험은 지구가 멸망하지 않는 한 영원히 존재할 업종이다. 앞으로 로봇이 제공하게 될 보험 서비스는 능률은 높을지언정 감동은 줄 수 없기 때문이다. 로봇이 기본적인 전화 상담만을 거쳐 보험을 가입시키는 단순 서비스에서 고급화된 재정 전문 서비스를 기대할 수는 없다. 어머니의 손맛이 담긴

밥상처럼 정성껏 음식을 만들어 한 상 가득 차려주는 전문 셰프의 정성 어린 서비스는 아무 데서나 받을 수 있는 것이 아니다.

전문가가 단 한 명의 고객을 위하여 맞춤형 서비스를 제공하는 것은 4차 산업혁명 시대에 대단히 고급스러운 직종에 해당되며 보험산업 또한 이러한 방향으로 발전해가고 있다. 어린 자녀와 미망인을 남겨놓고 떠난 가장의 자리를 대신하여 그 가족의 재정적 상황을 책임지고 보장해주며, 남은 가족의 슬픔에 함께 울어주는 것은 로봇이 할 수 있는 일이 아니다. 앞으로의 보험은 전문적인 교육을 받은 종합 금융 전문가가 한 명 한 명의 고객을 전담 관리하며 핵심 산업으로 발전하리라 확신한다.

긍정적 고통지수
부정적 만족지수

새가 알을 깨고 나오는 것을 두려워한다면 결코 세상을 만날 수 없을 것이다. 세상이 두려워 좁은 알 속에 남아 있기를 원한다면 새 생명의 탄생이 불가능할 뿐 아니라, 창공을 힘차게 날아보지도 못하고 동물들의 먹잇감으로 전락하고 말 것이다.

국가나 조직이나 개인 모두 이와 같다. 현재의 틀을 과감히 박차고 나오지 않는다면, 미래의 세상을 만나지 못할 뿐만 아니라 결국 도태되고 말 것이다. 살아남기 위해서는 과거의 익숙한 틀을 깨고 세상 밖으로 나와야 한다.

틀을 깨고 나온다는 것은 엄청난 고통과 리스크를 감수해야 하는 일이다. 사고의 틀을 깨는 것조차도 너무 힘들어 일찌감치 포기하는 경우가 많다. 그러나 변화를 위한 이 같은 처절한 몸부림은 2~3년 후 반드시 긍정적인 성과로 돌아온다.

경쟁력은 하루아침에 나오는 것이 아니라 2~3년 전부터 차근차근 준비해온 과감한 결단의 산물이다. 결과가 수면 위에 나타나기 전에는 겉으로 드러나는 모든 지표가 부정적으로 보일 것이다. 그러나 고통을 참고 미래를 위해 투자한 시간은 반드시 긍정적 성과로 이어진다.

살다보면 항상 고통과 만족이 따르게 되는데 그 고통과 만족에는 두 가지 종류가 있다. 즉 '미래의 희망을 위한 긍정적 고통지수'와 '미래가 없는 부정적 만족지수'가 운명을 가르게 된다. 미래의 희망을 위한 긍정적 고통지수는 현재의 삶에 안주하지 않고 더 큰 비전과 발전을 위하여 계획하고 준비하는 것이다. 이를 위해 자신의 현재 위치를 돌아보고 더 나은 미래를 위하여 과감한 목표를 세워 도전해야 한다.

이 도전을 성취하기 위해서는 반드시 선제적 희생이 따르게 되는데, 대부분의 사람들이 이 선제적 희생을 못 견뎌 중도에 포기한다. 예를 들면 건강을 위하여 금연을 목표로 삼은 사람이 담배를 끊었다가 2~3일이 채 안 되어 포기하고 다시 담배를 피우는 것을 종종 보게 된다. '부정적 만족지수'

를 과감히 떨쳐버리지 못하는 것이다.

부정적 만족지수는 항상 과거의 틀에 매여 타협하게 한다. 이와 같은 경험이 반복되다보면 부정적 만족지수를 포기하기 못하고 어떠한 일에도 쉽게 타협하게 되며, 그것이 자연스럽게 습관으로 굳어지게 된다.

담배를 몇십 년 동안 피워온 사람들은 담배를 피울 때의 안정감이나 만족감 등을 포기하는 것이 가혹하다고 생각한다. 그리고 매시간 자신과의 갈등 속에서 고민하다가 결국은 굴복하고 다시 담배를 피우는 것으로 일단락을 짓게 된다. 이렇게 되면 당분간은 만족감과 행복감이 유지될지 모르지만, 이는 가장 중요한 건강을 담보로 치명적인 도박을 하는 것과도 같다.

미래의 긍정적인 결과를 얻기 위해 희망적 고통지수는 필수불가결한 것이다. 현재의 희생 없이 자신이 바라는 결과를 얻을 수 있는 사람은 지구상에 단 한 명도 없다는 것을 명심해야 한다.

아직 다가오지 않은 미래의 행복을 위하여 현재의 소중한 행복을 희생하지 않겠다는 '달콤한 쓰레기' 같은 말은 절대로 입에 올리지도 생각하지도 말아야 한다. 그 같은 달콤한 유혹은 미래의 자신을 밑바닥으로 떨어뜨릴 뿐이다. 희생할 것은 반드시 희생하여야 한다. 그것이 미래를 대비하는 인생의 순리이다.

진실을 왜곡하지 마라. 지금 이 순간의 행복이 가장 중요하다는 말은 현재 자신의 행동을 미화하는 것일 뿐 그 이상 그 이하도 아니다. 미래에 불행이 닥쳤을 때엔 당신의 인생을 정처 없이 표류하도록 부추기던 사람들은 이미 사라지고 없을 것이다. 아무도 당신의 후회의 눈물을 닦아주지 않을 것이니 자신의 인생은 스스로 보호하라!

그렇다고 가족에 대한 사랑과 행복조차 미래를 위하여 희생하라는 말은 아니다. 가장 귀한 행복은 절대적으로 가족으로부터 나오는 만큼 가족의 소중함에는 논란의 여지가 없다. 여기서 내가 이야기하고 싶은 것은 단 하나이다. 미래를 생각한다면 현재의 시간과 열정을 낭비하지 말라는 것이다. 모든 것은 연결고리가 있고 그 연결고리는 인생의 방향을 바꾸는 단초가 된다.

담배 이야기로 돌아가면, 처음에는 담배를 스스로 제어하는 것 같지만 시간이 지날수록 담배가 자신을 제어하고 있음을 느끼게 된다. 어느덧 일정한 시간만 되면 담배가 나를 데리고 밖으로 나간다. 10개비, 반 갑, 한 갑씩 피우다가 어느 순간 하루에 두 갑 이상을 피우게 된다.

자제하려고 할수록 모든 중독성 세포가 담배에 정신을 집중시켜 반드시 담배를 피우게끔 나 자신을 조종한다. 특히 술을 마시거나 음식을 먹을 때 더욱더 담배를 피우고 싶다는 욕망을 불러일으킨다. 매일 이러한 생활을 반복하다보면 결국 신체 부위에 각종 오염 물질이 쌓여 암으로 발전하게 되는 것이다.

미래의 희망을 위하여 현재의 긍정적 고통지수를 반드시 견뎌야 한다. 이 단계를 뛰어넘지 못하면 모든 것이 악영향으로 다가오게 된다. 원인 없는 결과는 없다. 조직과 개인의 미래 경쟁력 또한 선행적 노력이 있어야만 확보할 수 있다. 그 과정에 수반되는 고통 때문에 조직이나 개인이나 선뜻 나서서 선행적 고통을 자발적으로 선도하길 꺼린다.

매년 건강진단을 받는데, 모든 지표가 최악의 지표로 가고 있는데도 불구하고 지표는 숫자일 뿐이라며 매일 나쁜 생활습관을 견지한다면 어느 순간 최악의 상태에 직면하게 될 것이다. 이와 같은 일들이 우리 주변에서 심심치 않게 일어나고 있다.

매일 술과 담배 그리고 불규칙한 식사를 하면서 매년 새해가 되면 건강을 위하여 간절히 기도하는 사람들을 볼 때마다 언행일치가 얼마나 어려운지 실감한다. 그런 사람들은 현재의 리스크를 간과하고 대수롭지 않게 생각하는 '리스크 무감각' 속에서 살고 있는 듯하다.

33년간 보험업에서 종사하면서 느낀 점은 숫자는 절대로 현상을 숨기지 않는다는 것이다. 숫자는 숫자일 뿐이라고? 천만의 말씀이다! 숫자는 전부이다. 숫자의 행간에 모든 것이 내포되어 있다. 숫자의 행간을 읽지 못하고 단순히 일시적인 현상일 뿐이라고 치부하고 넘어간다면 이는 암 세포를 판독하는 의사가 오독을 하여 절대절명의 수술 시기를 놓치는 것과도 같다.

리더들은 숫자의 행간에 숨은 뜻을 파악할 수 있어야 한다. 그리고 문제를 해결해나가는 프로세스는 다음의 네 단계를 거쳐 정교하고도 세심하게 진행되어야 한다.

첫째, 왜 그러한 숫자가 나오게 되었는지를 철저히 분석하여야 한다. 둘째, 숫자의 분석 결과를 놓고 모든 부분을 세밀히 점검하여야 한다. 이러한 공개적 점검 과정 없이 개선 방향을 내놓으면 누구도 주인의식을 갖지 않게 되며 문제의 심각성도 공유하지 못할 것이다. 셋째, 문제점을 극복하고 해결할 태스크포스팀을 구축하여 협업하여야 한다. 넷째, 긍정적인 결과가 도출되도록 지속적인 점검이 수반되어야 한다.

이러한 일련의 과정을 통해 조직의 중심을 미래에 두고 혁신할 때 그 조직의 사고는 젊어지고 경쟁력도 향상될 것이다. 결론적으로 세일즈맨의 숫자는 단순한 숫자가 아니다. 그것은 세일즈맨의 활동 역사가 축적된 생명의 숫자다.

승자는 기준을 만든다

로버트 그린의 책 『전쟁의 기술』에서 영국의 군사전략가 리델 하트는 "자신의 강점보다 적의 약점에 집중하라"고 말한다. 경영을 하다보면 모든 분야에서 경쟁사보다 탁월하기는 힘들며 경쟁사에 비하여 부족한 분야가 한두 개 나올 수밖에 없다. 그러나 부족한 부분을 보완하기 위하여 예산과 인력과 시간을 투입하기보다는 자사만의 강점을 개발하고 강화시키는 것이 오히려 시장 지배력을 높이는 길이다.

업종이 다른 사업에서 성공했다고 해서 그 자신감만으로 아무 경험 없이 보험업에 뛰어드는 것은 매우 위험한 일이다. 보험업은 어떠한 산업보다도 더 인재가 필요한 분야이다. 무형의 상품을 파는 보험업은 고객과의 접점에서 상품을 파는 세일즈맨이 회사를 대표한다. 세일즈맨은 고객에게 회사를 대신해서 보장을 약속하는 일을 하므로 어느 분야보다도 기업에 대한 신뢰와 전문적인 금융 지식 그리고 윤리적인 자질이 요구된다. 고객이 불의의 사고를 당해 보장이 필요할 때 처음 계약을 체결했을 때의 내용대로 보장을 제공한다는 약속을 이행하는 정직한 금융산업이 되어야 하는 것이다.

이처럼 중요한 계약 체결을 담당하는 세일즈맨의 수준이 현격히 떨어진다면 결국 회사는 도덕적 해이로 인하여 도산할 수밖에 없다. 생명보험사의 신용 수준을 알고 싶다면 회사의 재무제표를 보는 것도 좋지만, 필드에서 직접 고객을 상대하는 세일즈맨의 금융 지식과 윤리적, 도덕적 수준을 파악하는 것도 나쁘지 않은 방법이다. 세일즈맨을 선발하고 지원하는 시스템과 본사 직원들의 필드 지원 마인드를 보면 회사의 경쟁력을 확인할 수 있다.

모든 산업의 리더 기업들은 동종 업계에서 기준을 만들어 가는데, 시대가 변하여도 1등 기업이 경쟁력을 놓치지 않는 비결이 바로 여기에 있다. 시장에서 1등이라는 개념은 '승자독식'이라는 개념과도 일치한다. 불독이 사료를 먹고 있을 때 옆에서 치와와가 아무리 불쌍한 표정으로 바라봐도 불독은 자신의 배를 채우는 데 집중할 뿐 치와와의 배고픔을 헤

아리지 않는 것과 같은 이치이다.

모든 기업이 사활을 걸고 동종 업계에서 최고의 위치를 차지하려고 하는 것은 생존하기 위해서이다. 시장에서 2등은 곧 죽음을 뜻하기 때문이다.

세계적 자동차 회사인 메르세데스–벤츠는 고객에게 100년이 지나도 변함없는 성공한 사람의 품격을 강조하며 마케팅을 펼치고, BMW는 운전의 즐거움에 대한 확신을 심어준다. 샤넬 넘버 5는 상품이 아니라 로맨틱을 사는 것이라며 고객을 자극하고, 코카콜라는 함께 콜라를 마시는 것은 우정을 마시는 것이라며 언제 어디서나 함께하는 친밀함을 강조한다. 그리고 루이비통은 어디론가 떠나고 싶은 욕망을 자극하며 여행의 본능을 깨우는 마케팅을 한다. 저마다 1등 기업을 유지하기 위하여 최고의 전략을 구축하는 것이다.

1등은 시장에서 기준을 정하고 후발주자가 쫓아오면 멀리 달아나서 또 다른 기준을 정한다. 이것이 바로 1등 기업만이 가지는 특권이다.

디자이너는 가을에 여름을 디자인한다

낙엽이 떨어지기 시작하면 가을이 오는 줄 알아야 한다. 낙엽이 수북히 쌓이고 나서야 가을이 온 것을 알면 이미 때는 늦다. 앞서가는 의상 디자이너라면 여름에 여름 상품을 내놓지 않을 것이다. 전문가는 해당 업종에서 남보다 한 발 앞서서 트렌드를 선도해야 한다. 모든 분야의 선도적 기업과 조직을 보면 적어도 3~5년 앞을 내다보면서 경영하고, 그러한 트렌드 선도가 항상 조직의 성장 DNA로 자리매김한다. 이러한 성장 DNA가 없는 조직은 여름에 여름 의상을 내놓는 디자이너와 다를 바 없다.

한 시대를 성공적으로 이끌어가는 각 분야의 리더들은 세 가지 공통점을 가지고 있다.

첫째, 자신의 분야에 몰입하는 창조적 전문가이다. 이제는 해당 분야의 생태계를 재정립하는 리더가 있는 조직이 결국 시장을 장악하게 되는 시대이다. 단순히 1960~70년대 축구처럼 롱패스를 중심으로 예측 가능한 축구를 하는 것이 아니라 축구공의 진화에 맞추어 축구의 전략과 전술도 바뀌면서, 그 어느 때보다 감독의 전략과 전술이 필요한 시대가 된 것처럼 말이다.

현재의 축구공은 이음새를 최대한 적게 했기 때문에 공의 속도가 전보다 훨씬 빠르고 강하다. 축구공의 진화에 맞추어 축구 전술도 압박축구와 속전속결의 축구로 변화한 것처럼, 21세기 각 분야의 전술도 바뀌고 있다. 예측 가능한 상품을 내놓는 기업은 여지없이 시장에서 퇴출당하는 시대, 전문적인 리더 한 명이 기업 전체를 먹여 살리고 나라 경제를 먹여 살리는 시대인 것이다.

이에 따라 그 어느 때보다 전문 리더의 필요성이 강조되고 있다. 예전처럼 자리만 차지하고 앉아서 권위를 내세우던 리더의 시대는 지났다. 이제는 혁신성과 전문성을 가진 리더만이 새로운 생태계를 창출하고 이끌어갈 수 있는 세상이다.

지점을 경영하는 영업 리더들 또한 이러한 변화에 재빠르게 적응해야 한다. 구태의연한 과거의 세일즈 방식에 젖어서 변화를 두려워하며 예전의 경험만 가지고 조직을 이끌어 간다면 즉시 퇴출되고 말 것이다. 조직을 이끌어가는 리더는 항상 자신의 일에 전문가가 되어야 한다. 현재의 흐름을 면밀히 분석하고 현장에 적용하여 조직원들이 경쟁에서 지는 일이 없도록 최고의 전문가들로 만들어야 한다.

둘째, 놀이를 하듯 지속성과 자기존중감을 발휘한다. 각 분야의 리더들은 막연하게 일을 하거나 시간을 보내는 것이 아니라 놀이를 하듯이 자신의 모든 열정을 불태운다.

어린 시절 친구들과 어울려 구슬치기나 팽이 돌리기 등을 하면서 시간을 보낼 때 밥 먹을 시간이 지난 것도 모르고 놀았다. 그 놀이에 심취한 것이다. 지금 우리가 하는 일을 신이 나서 한다면 성공하지 못할 사람이 있을까. 자신의 분야에서 성공한 사람들은 항상 놀이를 하듯 즐겁게 일한다. 마치 게임하듯이 일을 하면서 스코어를 매기고, 창의성을 발휘하며 지속적으로 목표를 달성해나가는 스스로를 대견하게 생각한다.

예를 들어 집 꾸미기를 좋아하는 여성에게 자신의 집을 매일 예쁘게 꾸미라고 하면 그 일이 전혀 지겹지 않을 뿐만 아니라 매일매일이 행복한 시간이 될 것이다. 그러나 이러한 시간을 즐기지 못하고 자신을 청소나 하는 가정주부로 비하

한다면, 그 여성은 결코 일상이 즐겁거나 행복할 수 없을 것이다. 일은 전문가를 더욱 창조적으로 만들어주며 자기존중감을 키워준다. 자기존중감이 높고 일을 놀이처럼 즐기는 사람은 아무도 당해낼 수 없다.

셋째, 인생의 위기를 극복하면서 성장한다. 창조적 리더들이 가장 불안해하는 것은 앞에 아무것도 보이지 않는다는 점이다. 캄캄한 밤에 혼자 길을 걸으면 넘어지거나 장애물에 부딪칠까봐 매우 조심조심 발을 내딛게 되지만, 손에 등불이 있다면 아무리 험한 산길이라도 두려움 없이 나아가게 될 것이다.

만약 누군가가 길을 닦아놓았다면 그 길로 가면 되지만, 그 길은 이미 많은 이들이 지나간 길 중 하나일 뿐이다. 남들이 가는 길로만 가서는 결코 트렌드를 선도하는 리더가 될 수 없다. 등불의 역할을 하는 것은 오로지 미래를 보는 자신의 혜안뿐임을 명심해야 한다.

세상을 움직이는 다섯 가지

세상을 움직일 때 필요한 요소를 정리해보면 크게 다섯 가지로 축약된다. 개인의 세상을 바꾸든, 아니면 국가 같은 거대한 세상을 바꾸든 대체로 다섯 가지 요소가 일사분란하게 조합을 이루어야 성과를 얻을 수 있다.

두바이는 사막을 방치하지 않고 그곳에 생명을 불어넣어 재창조했다. 사막을 스키를 탈 수 있는 기회의 땅으로 만들었고 바다 한가운데에 최고급 아파트를 지어 전 세계에 분양해 단 3일 만에 완판될 정도로 호황을 일으켰다. 거주자 전원에게 거주증을 발급할 만큼 유연하게 사고하기도 했다. 뿐만 아니라 바다 한가운데에 실내 전체가 도금된 7성급 호텔을 지어 전 세계 부호들을 고객으로 끌어들이고, 공항에서 호텔까지 헬기로 데려다주며 원스톱 서비스를 실시하여 이들을 감동시켰다. 이처럼 세상을 바꾸기 위해서는 반드시 다섯 가지 요소가 선행되어야 한다.

첫째, 창조적 리더십이 있어야 한다. 현재를 있는 그대로 받아들이지 않고 창조적으로 접근하는, 알라딘의 요술램프 같은 창조적인 사고가 필요하다. 테슬러의 전기 자동차, 구글의 무인 자동차, 아마존의 드론 택배, 애플의 스마트폰, 우버 택시, 에어비앤비의 숙박 공유 시스템 등 세계적 선도 기업들의 공통점은 창조적 리더십이다.

둘째, 유연성이 있어야 한다. 두바이는 야자수 모양의 인공섬 팜 주메이라의 고급 주택을 외국 톱 스타들에게 분양하면서 거주증을 발급할 정도의 유연한 사고가 가능했기 때문에 지금과 같은 호황을 누릴 수 있었다. 지금까지 해왔던 것을 일부만 바꾸는 정도로 생각한다면 그것은 개혁이 아니다. 유연해지기 위해선 세상의 변화를 인정하고 발전시키고자 하는 마음이 선행되어야 한다. 그러기 위해서는 사고의 전환이 무엇보다도 중요하다.

오스트리아의 음악가 요한 슈트라우스는 1870년 당시 오스트리아의 아이돌이었다. 당시만 해도 바이올린을 서서 연주한다는 것은 상상도 할 수 없었던 시절이었고 반드시 앉아서 연주해야 한다는 것이 고정관념이었다. 그는 서서 바이올린을 연주하는 것은 서서 잠을 자는 것과도 같은 개념으로 받아들였던 시대에 과감히 틀을 깨고 서서 바이올린을 연주했다. 이제는 바이올린을 앉아서 연주한다면 오히려 이상하다고 생각하는 분위기이므로, 인간 사고의 경직성이 얼마나 어리석은지 이해할 수 있다.

셋째, 물러서지 않는 결단력이 있어야 한다. 두바이의 지도자 세이크 모하메드는 앞으로 10년 후 두바이에 석유가 고갈된다는 가정하에 석유가 고갈되어도 현재와 같이 지속적으로 성장하기 위한 절대절명의 마스터플랜을 수립하였다. 현재 풍부하게 생산되는 석유만으로도 최고의 삶을 유지할 수 있는데도 불구하고 무모할 정도의 프로젝트를 수립한 것이다. 만약 이 마스터플랜이 실패하면 자신의 절대 왕권의 기반이 송두리째 무너질 수 있었지만 그는 두바이의 미래를 위하여 단호한 결단을 내렸다.

넷째, 끊임없는 추진력으로 개혁을 완성시켜야 한다. 현재에 만족한다면 개혁은 이미 물 건너간 것과도 같다. 두바이를 천지가 개벽하듯 새로 만들다시피 한 지도자 모하메드는 아직도 끊임없이 개혁을 추진 중이다.

다섯째, 비전을 창출해야 한다. 지금 두바이는 세계 금융과 관광, 물류의 허브로 변모하고 있으며 개혁과 변화의 랜드마크가 되고 있다. 두바이의 통치자인 모하메드는 "정치는 마차고 경제는 말이다. 아무리 좋은 마차가 있어도 말이 안 좋으면 무용지물이다. 말이 마차를 끌게 해야지, 마차가 말을 끌게 해서는 안 된다"고 말했다. 기업의 발전이 곧 국가의 발전이라는 마인드를 가지고 있는 그는 현재 두바이의 발전상은 머릿속에 구상했던 것의 10퍼센트밖에 안 되며, 2050년까지의 계획이 이미 머릿속에 들어 있다고 말한 바 있다.

이러한 개혁은 창조적 사고와 현재에 만족하지 않는 열정이 있어야만 가능하다. 무슨 일을 하든 시작할 때에는 잡념을 벗어던지고 집중해야 한다. 그리고 그 일에 몰입하여 끝장을 낸다는 정신으로 마무리해야 한다.

석기시대는 돌이 없어서 끝난 것이 아니다

대부분의 사람들은 그것이 거대한 트렌드의 전조 현상인지도 모른 채 한 시대를 이끄는 변화의 트렌드에 정신없이 휩쓸리게 된다. 과거의 트렌드를 보면 적게는 100년에서 몇 세기에 걸쳐 변화하던 주기가 이제는 10년, 5년, 3년, 1년, 6개월 단위로 변화하고 있다. 이는 인간의 능력을 대체할 정도의 위력을 가진 4차 산업혁명이 있었기에 가능했다.

이러한 시대에 기업이나 개인이 살아남기 위해선 항상 고객에 초점을 맞추고 집중해야 한다. 모든 시대의 트렌드는 인간을 중심으로 발전하고 변화해왔다. 세계적 기업으로 도약한 구글은 핵심 고객이 누구인지를 명확히 알고 검색 서비스와 위치 기반 서비스에 집중함으로써 경쟁사들을 보기 좋게 따돌렸다. 그리고 세계의 우수한 청년들에게 회사의 문호를 열어 함께 창의적인 성장을 할 수 있도록 기회를 제공하여 수많은 인재가 구글에 모여들게 했다. 이렇게 안팎으로 고객을 중심으로 한 선택과 집중 전략을 펼친 끝에 구글은 결국 시장에서 경쟁자들을 따돌리고 세계적 포털 기업으로 도약했다.

아마존의 CEO 제프 베저스 또한 지금의 아마존을 있게 한 비결로 '고객 중심의 접근'을 꼽았다. 그는 "고객을 기쁘게 하고자 하는 마음이 있으면 고객이 요청하기도 전에 개선 방향을 제시하게 된다"며 "아마존의 프라임 서비스는 고객 중심의 접근이 통했다는 것을 방증한다"고 말했다. 실제로 아마존 프라임 서비스는 2005년 2월 시작된 후 아마존이 성장하는 데 큰 역할을 했다. 매월 11달러를 내면 회원 특별할인과 무료 특급 배송, 클라우드, 아마존 프라임 비디오, 뮤직, 무료 전자책 등과 같은 50여 가지가 넘는 혜택을 제공하기 때문에 가입 회원이 대폭 증가했고, 프라임 서비스를 시작한 회원들의 빅데이터는 아마존이 사업을 다각화하는 데 대단히 중요한 역할을 했다.

오프라인 유통업체로 시작한 아마존은 온라인에까지 손을 뻗으며 10년 새 13배가 넘는 성장을 했으며, 2014년에는 스위치를 누르면 일상용품을 자동 주문해주는 '아마존 대시' 등 온·오프라인을 연계한 서비스를 잇달아 내놓으면서 전년 분기별 영업이익에서 60퍼센트 증가한 9억 2600만 달러(약 1조 895억 원)의 이익을 기록했다. 이러한 아마존의 성장은 고객 중심 접근에 집중한 결과이다.

아마존의 고객 중심 접근은 세 가지로 요약해볼 수 있다.

첫째, 아마존은 고객 중심의 아이디어를 자유롭게 제출하도록 직원들에게 모든 경영 정보를 열어놓고 공유하고 있다. 직원이 고객 중심의 아이디어를 회사에 제출할 때에는 고객 입장에서 이 아이디어가 왜 필요한지, 그렇게 개선하는 과정에서 문제점은 무엇인지, 이 아이디어가 시행된다면 고객에게 어떤 혜택이 있는지를 반드시 A4 용지 6쪽 분량의 문서로 보고하게 했다. 막연히 머릿속 구상만으로 아이디어를 낸다면 진정한 고객 중심의 개선과 거리가 있을 수 있기에 반드시 정제된 내용을 고객 입장에서 정리하여 제출하도록 한 것이다.

둘째, 아마존 CEO 제프 베저스는 임원회의 때 회의실에 빈 의자를 가져다놓고 이 방에서 가장 중요한 사람인 '고객의 자리'라 말하고 회의를 시작한다. 그 빈 의자에는 고객 역할을 맡은 직원이 앉는다. 그 직원은 사전에 제품이나 서비스를 체험한 후 고객 입장에서 원하는 개선점을 알려줌으로써 고객 중심의 의사결정을 유도한다.

셋째, 고객센터 직원들은 정기적으로 고객의 목소리(WOCAS: What Our Customers Are Saying) 청취 시간을 갖는다. 고객의 불만이나 요구 사항을 모두 청취하여 해당 부서가 보완할 점을 공유하고 즉시 현장에 적용하는 것이다.

이러한 고객 중심의 경영은 슬로건만으로 이루어지지 않는다. 회사의 CEO부터 중간관리자 및 직원 모두가 고객 중심 접근에 한 방향으로 초점을 맞추어야만 가능하다.

승자의 여유는 1퍼센트가 좌우한다

개인이나 기업이 치열한 시장에서 살아남기 위해서는 우선 자신만의 전략과 차별화 요소가 있느냐가 가장 중요하다. 이 두 가지 요소가 없다면 시장에서 백전백패할 것이 자명하다. 지금의 세상은 중간 정도 수준의 상품을 관대한 눈으로 보아주거나 기다려주지 않는다. 최고가 아니면 그걸로 끝인 것이다.

매일 아침마다 죽느냐 사느냐의 정글 같은 일상이 반복되고 있다. 아침에 눈을 뜨면 달려야 하고, 조금이라도 방심하면 사자의 입에 몸을 내어주고 있는 듯한 착각에 빠지게 된다. 기린이나 영양 같은 동물들은 걸어가면서 새끼를 낳는다. 자리에 앉아서 편안히 새끼를 낳다가는 어느 틈에 포식자들의 먹이가 될지 모르기 때문이다. 새끼 또한 태어나는 순간 땅에 떨어져서 2~3분 내에 일어서고 뛰어야만 포식자들로부터 벗어날 수 있다.

바다 거북이가 태어나서 성장한 후 뭍으로 돌아와 알을 낳을 확률은 1만분의 1에 불과하다. 알에서 태어나 바다로 가는 도중에 갈매기들의 먹이가 되고 바다에서 물고기들의 먹이가 되면서 결국 극소수만이 생존하는 것이다. 이렇듯 지구에서 생존한다는 것은 치열한 사투와 경쟁의 연속이다.

그러나 경쟁력과 차별화가 상상을 초월할 정도의 거대한 의미를 품고 있는 것은 아니다. 고객이 전혀 기대하지 않고 있는 상태에서 작은 놀라움과 즐거움을 제공할 때 고객의 경험은 긍정의 기억으로 각인된다.

예를 들어 요즘 주유소에서 기름을 넣으면 서비스로 세차를 해주는데 간편하고 시간이 절약되어 자주 이용하는 편이나 세차 이후 느낌은 특별할 게 없다. 그러나 어느 기계식 세차장을 가면 자동차 레이서 같은 화려한 복장을 한 직원들이 자동차 경주 도중 레이싱카가 정비를 받기 위하여 들어올 때 초 단위로 바퀴를 갈아끼우고, 볼트를 조이고, 주유를 하는 것처럼 세 명이 한 팀이 되어 현란한 동작으로 완벽한 세차를 해준다. 이러한 매력적인 세차를 경험하고 나면 일부러라도 이 세차장을 다시 찾게 된다.

시장의 승자로서의 여유는 고객이 전혀 예상하지 못한 1퍼센트의 서비스 차별화를 고민하고 끊임없이 고객 감동을 추구할 때 비로소 얻을 수 있다.

게는 자신의 몸만 한 껍데기 안에 산다

우연히 알게 된 어느 여성 세무사가 어떻게 사업을 수십 년간 성공적으로 키워가는지 옆에서 지켜보았다. 그 세무사는 레드오션이라고 하는 세무사 영역에서 자신의 전문성을 지속적으로 확장하기 위하여 다른 사람이 참여하지 하지 않는 쪽으로 초점을 맞추어 영역을 넓혔다.

가장 먼저 경매 전문가가 되기 위하여 공부를 하였고, 다음으로 아파트 재건축 전문가가 되기 위하여 자신을 변화시켰다. 책상에 앉아서 책으로만 지식을 습득하는 것이 아니라 발로 뛰며 몸으로 익히기 위하여 한 달 동안 구두 굽 3개를 갈 정도로 현장을 답사했고 결국 부동산 경매 및 재건축 전문가가 되었다.

세무 컨설팅 사업을 확장하기 위하여 사업가나 금융인들 중에서 신문이나 잡지에 소개된 사람들에게 직접 전화하여 세무 상담을 해주는 등 인맥 관리 및 고객 관리 능력 또한 탁월했다. 이러한 사업적 추진력에 더해 매일 아침 가장 먼저 출근해 사무실 문을 열고, 밤에는 제일 마지막까지 남아 문을 닫는 사업가적 성실성까지 겸비하였다.

몇 년 동안 세무 업무를 의뢰하면서 느낀 이 여성 세무사의 성공 비결은 세 가지로 요약할 수 있다.

첫째, 변화를 두려워하지 않는다. 이 여성 세무사는 사업의 눈높이를 1인 전문 세무사가 아니라 사업가에 맞추고, 그에 맞게 자신을 개발하고 주변을 변화시키는 것을 주저하지 않았다. 대부분의 세무사 사무실을 보면 보통 2~3명의 직원들을 두고 운영하는데, 이 여성 세무사는 20명이 넘는 직원을 고용하여 엄청난 물량을 소화하고 있다. 그 비결은 정기적인 직원 교육을 통하여 단순 반복되는 회계 업무를 하는 직원들이 아니라 각 파트별로 전문화된 직원들을 양성하는 훈련 시스템과 성과 보수에 기반한 급여 체계를 통해 개개인의 전문성을 육성 발전시켜나가는 데 있었다.

둘째, 자신의 일을 개척하고 확장해나간다. 이 여성 세무사는 지속적으로 자신을 알리는 일을 게을리하지 않는다. 지역사회나 금융 기업들의 고객 세미나에 참석해 강연을 하면서 세무 상담 가망 고객을 확보하였고, 세미나에 참석한 고객들을 미래의 상담 고객으로 관리하는 세심함까지 보였다. 그러다보니 지속적으로 세무 상담 고객이 생겨났고, 기업 고객의 회계장부 기장뿐만 아니라 증여 상속 절세 상담을 통하여 고액 자산가들의 보유 자산과 투자 기법 그리고 돈이 되는 정보들을 접하는 인맥을 형성하게 되었다. 또한 그들의 투자 트렌드를 벤치마킹하여 부를 얻는 효과까지 덤으로 얻었다.

그 결과 지금은 한층 더 업그레이드된 고액 자산가, 전문가, 중견 기업인을 상대하게 되었고, 개인 세무사 분야에서 소득 기준으로 10위 안에 들 정도의 부와 명예를 쌓아가고 있다.

셋째, 남들이 생각하는 것 이상으로 노력한다. 성공한 사람들의 공통분모는 일반적인 노력의 범위를 뛰어넘을 만큼 많은 노력을 기울인다는 점이다. 이 여성 세무사 역시 자신의 분야에서 성공하기 위하여 20~30년 이상 길게 보면서 사업을 추진해왔다. 가장 기본적인 노력은 체력과 건강에 대한 투자였다. 출근 전 매일 한 시간씩 운동을 하여 건강을 유지한 이 여성 세무사는 지금까지 발로 뛰는 영업을 하고 있다.

세무사는 주된 업무가 회계장부 기장과 세무 상담이라고 생각하는 사람이 많은데, 이 세무사는 매일 대부분의 시간을 기존 고객 상담과 강연, 가망 고객 창출을 위한 미팅 등에 할애했다. 그리고 사무실 내부 업무가 일사불란하게 돌아갈 수 있도록 업무 시스템과 성과 보상 체계를 구축하는 등 다양한 조직 관리 기법을 활용해 사무실을 운영했다.

대기업을 이끌든 구멍가게를 이끌든 반드시 자신만의 경쟁력을 키우고 지켜나가야 한다는 교훈을 이 여성 세무사와의 수년간에 걸친 교류를 통해 다시 한 번 깨닫게 되었다.

파괴적 성장을 하라

세일즈맨들 중에는 단계적 성장을 목표로 잡는 유형이 있는가 하면, 목표를 과감하게 잡고 출발했다가 시간이 지날수록 목표와 멀어지는 유형이 있다. 그러나 목표라는 것은 마침내 달성하고 이를 통해 성장하지 않는 이상 아무 의미도 없다. 현재 자신이 목표를 달성하기 위한 능력과 전략 자산을 어느 정도 가지고 있는지, 보완해야 할 점은 무엇인지 정확하게 파악하고 있어야 한다.

그러나 일을 하다보면 계산대로 해서 목표가 이루어지는 것은 아니며, 상황이 대단히 어려운데도 불구하고 기대 이상의 목표를 달성하기도 한다. 이것은 목표를 달성하고자 하는 혼신의 노력과 열정이 부합될 때 나타나는 결과라고 볼 수 있다. 30년 이상 영업 현장에서 뛰면서 경험한 바에 의하면, 이 같은 결과는 상품을 파는 데 급급한 것이 아니라 신뢰를 팔 때 가능했다.

한 업종에 20~30년을 종사한 사람들이 항상 하는 이야기가 사업이 예전보다 못하다는 것이다. 과거에는 수입이 지금의 두 배가 넘었는데 지금은 입에 풀칠하기도 바쁘다는 등, 경쟁이 너무 치열하여 살아남기도 어렵다는 등 여러 가지 이야기를 한다. 이러한 이야기는 과거 기준에 비추어 볼 때 현재 소득이 현격히 줄어들었다는 내용이 주를 이룬다. 그러나 세상은 20~30년 전에도 결코 녹록하지 않았고 현재도 마찬가지이다. 단지 자신이 변했을 뿐이다. 20~30년 전에는 밤을 새우고 온 열정을 불살랐던 마음이 이제는 현재에 안주하는 마음으로 변해버린 것이다.

프로 야구 선수가 날아오는 공을 두려워하면 은퇴 시기가 다가온 것이라는 말이 있다. 끊임없는 성장을 위해서는 항상 고객이 기대한 것 이상의 서비스를 할 준비가 되어 있어야 한다. 고객은 거대한 서비스를 요구하지 않는다. 전혀 기대하지 않았던 순간에 기대 이상의 서비스를 받을 때 고객은 감동한다. 영혼이 깃들어 있지 않은 서비스는 단순 노동에 불과할 뿐이다.

내가 자주 가는 식당은 항상 사장이 직접 고객을 응대하며 식사에 불편함이 없도록 마음을 써주곤 한다. 한번은 식초에 절인 고추를 몇 개 더 부탁했는데, 오이 피클까지 추가하여 가져다줬다. 이러한 작은 서비스가 고객에게는 큰 감동과 신뢰로 다가오게 된다.

올림픽에 출전하는 선수들은 혹독한 자기 관리와 끊임없는 연습으로 기량을 높이고 기록을 갱신한다. 올림픽 메달의 획득은 연습 시기에 이미 결정된다고 해도 과언이 아니다. 준비가 미흡한 선수가 올림픽에 출전한다면 결과는 참담할 것이다. 유도 선수라면 시합에 나가자마자 업어치기 한판으로 예선에서 탈락할 것이 뻔하다.

"고통이 멀어지면 돈도 멀어진다"라는 중국 속담이 있다. "세상에 공짜 점심 없다"는 말은 내가 30년 이상 보험 영업을 하면서 매일 되새기는 격언이다.

일전에 중국 신문에서 중학교를 중퇴하고 라이터 공장을 세워 성공한 기업인의 기사를 읽은 적이 있다. 5명의 직원들과 먹고 자면서 라이터를 만들고 있을 때, 일본 라이터 가격보다 20배나 싸다는 소문이 퍼지면서 일본으로부터 주문이 폭주하여 10개에 불과하던 경쟁 라이터 공장이 3000개로 늘어났다. 이때 경쟁 라이터 공장 사장들은 한몫 잡기 위해 질이 떨어지는 라이터를 대량 생산했지만 이 사장은 질을 우선적으로 고집하며 그간의 생산 원칙을 일관되게 고수했다.

도중에 함께 일하던 직원들이 생산량에 비례해 임금을 주는 공장으로 전부 이직하는 상황을 맞이하기도 했다. 그러나 위기에 불구하고 다시 직원을 뽑아 교육시키며 어려운 환경을 헤쳐나갔는데, 그동안 질이 떨어지는 라이터를 대량 생산한 경쟁 공장들은 거의 문을 닫게 되었다. 하지만 이 공장만은 하루 5000개가 생산 물량인데도 불구하고 5만 개 이상의 주문이 폭주했다.

현재 이 공장은 고급 라이터 시장에 진입하여 세계 최고의 라이터 회사들과 경쟁할 만큼 성장했다. 이 공장 사장의 말은 아직도 내 가슴에 각인되어 있다.

"나는 영원히 만족하지 않는다!"

PART 5

목표가 없다면
갈 곳도 없다

정상급 세일즈맨들의 성공 공통분모

나는 30년 이상 세일즈 분야에 종사하면서 성공한 세일즈맨들을 무수히 많이 봐왔다. 그중에서도 정상급 세일즈맨들은 몇 가지 성공의 공통분모를 갖고 있었다.

공통분모 1 **회사를 미치도록 사랑한다.**

1990년대에 한국에 진출한 푸르덴셜생명보험의 세일즈맨들은 고객들이 푸르덴셜이라는 발음조차 어려워했던 시절에 보험 세일즈를 해야 했다. 회사에 대한 인지도가 전무했던 당시에 그들에게 세일즈는 넘어야 할 또 하나의 산이었다. 지금도 그렇지만 그 당시에도 삼성생명 하면 보험시장에서 모르는 사람들이 없었다.

회사를 사랑했던 직원들은 새벽부터 밤늦게까지 활동하며 보험 상품을 설명하기 전에 푸르덴셜이라는 회사가 어떤 회사인지, 왜 한국에 진출하였는지 등을 고객에게 알리는 것으로 매일 일과를 시작했다. 이들에게 보험 세일즈가 얼마나 힘들었겠는가? 그러나 열악한 환경에서도 세일즈맨들은 매주 3W를 달성하였고, 최고의 실적을 거둔 챔피언을 선발할 때마다 신기록이 탄생했다.

보험업계에 몸 담은 세일즈맨이 자신이 일하는 회사에 대하여 확신과 믿음을 갖지 못하고 불평 불만을 토로한다면 고객은 더 이상 그 세일즈맨을 신뢰하지 않을 것이다. 불평 불만이 습관이 된 사람은 에덴동산에 가서도 불평 불만을 늘어놓을 것이다. 고객은 회사를 보고 보험 상품을 가입하기도 하지만 세일즈맨을 보고 가입하기도 한다. 회사에 대한 신뢰가 없는 세일즈맨을 고객이 어떻게 신뢰하고 보험에 가입하겠는가? 세일즈맨은 회사를 미치도록 사랑해야 한다. 고객은 그런 세일즈맨을 신뢰한다.

공통분모 2 **자신의 일에 자부심과 자신감을 가지고 있다.**

우수한 세일즈맨들을 만나보면 하나같이 자신의 일에 대한 자부심과 자신감이 넘쳐난다. 한마디로 기가 살아 있다.

말 한 마디 한 마디에 힘이 실려 있고 왜 자신이 이 일을 시작하게 되었는지, 왜 이 일을 사랑하는지 등에 대하여 상대방에게 명확하게 이야기할 줄 안다. 자신의 꿈과 비전을 고객과 공유하며 당당하게 도움을 청한다. 고객은 이처럼 자신의 일에 대한 명확한 비전과 자신감을 가진 세일즈맨과 함께하기를 원한다. 자신의 일에 대한 확신이 없고 왜 이 일을 해야 하는지조차 모르는 나약한 세일즈맨에게 소중한 시간을 내주고 싶은 고객은 없다.

우수한 세일즈맨들은 다음의 열 가지 이유로 세일즈업에 만족한다.

1. 정년이 없다.
2. 소득의 한계가 없다.
3. 시간을 자유롭게 조절할 수 있다.
4. 회사의 지원으로 고객을 재정적으로 보장해줄 수 있다.
5. 훌륭한 고객을 만날 수 있다.
6. 끊임없이 공부할 수 있다.
7. 자본 투자가 필요 없다.
8. 지속적인 시장이 창출된다.
9. 매년 성장을 위한 새로운 도전 목표를 세울 수 있다.

10. 가족과 함께 매년 두 번 이상 해외 여행이 가능하도록 회사가 지원한다.

우수한 세일즈맨은 이러한 장점들을 최대한 즐기고 활용하여 세일즈 실적을 배가시킨다.

공통분모 3 매사에 긍정적인 마인드를 유지한다.

긍정적인 마인드는 고객에게 항상 도와주고 싶다는 마음을 불러일으킨다. 대부분의 고객들은 바쁘고 자신의 일에 몰입하는 사람에게 일을 맡기고 싶어 한다. 긍정적인 마인드를 가진 이들에게 요즘 상황이 어떠냐고 물어보면 항상 "희망적이고, 바쁜 일정을 소화하고 있고, 비전을 만들어가고 있노라"고 대답한다. 그러면서 너무도 많은 이들이 도와주고 있으며, 그러한 고객들에게 감사하다는 말을 항상 잊지 않는다. 이런 말을 들으면 고객들은 저절로 도와줄 수밖에 없다. 고객들이 스스로 '자발적 지원자'가 되기를 자처하기도 한다.

긍정적인 사람들이라고 왜 힘들거나 어렵지 않겠는가? 상황은 누구에게나 똑같다. 그러나 긍정적인 사람들은 어려움을 극복하는 자세가 일반적인 세일즈맨과 다른 것이다. 이들은 최악의 상황에서도 은혜와 교훈을 얻고 감사하는 자세를 잃지 않는다.

공통분모 4 목표 달성을 위해 활동량으로 승부를 낸다.

시장이 어려울 때 취하는 행동을 보면 많은 것을 알 수 있다. 보험시장은 이제 레드오션에 진입하여 더 이상의 비전을 창출하기 어렵다며 회사를 떠나는 세일즈맨이 있는가 하면, 시장 환경이 어려울 때 과거의 성공에 연연하지 않고 처음의 마음가짐으로 활동량을 더욱 늘려서 신규 시장을 창출하는 세일즈맨도 있다. 결과는 더 이야기하지 않아도 예상할 수 있을 것이다.

과거의 좋았던 시절에 고착되어 새로운 미래를 보지 못하는 세일즈맨은 시장을 떠나지만, 미래의 새로운 시장을 창출하는 혁신적 세일즈맨은 위기를 기회로 삼아 시장을 장악할 것이다. 미국의 경제 대공황 시절에도 당시 돈으로 어마어마한 규모인 백만 달러 이상의 계약을 체결하는 보험 세일즈맨은 존재했다. 세상이 바뀌면 바뀐 세상에 맞추어 자신의 능력을 전략적으로 업그레이드하는 것이 승자들의 성공 비결임을 명심하라.

공통분모 5 1등의 철학을 갖고 있다.

대부분의 챔피언들은 1등을 목표로 경기를 펼친다. 만약 처음부터 2, 3등을 목표로 출발했다면 중간 정도의 위치밖에 도달하지 못했을 것이다. 이들은 목표 달성에 대단히 열정적이다. 승자들은 경기 내내 자신의 순위에 극도로 민감하게 체크하며, 경쟁자의 추격 속도와 계약 건수 그리고 보험료 크기 등을 보면서 활동량과 향후 전략을 꾸준히 점검한다.

초원의 사자는 누구의 도움을 받지 않고 스스로 자신을 초원의 왕으로 만들어간다. 누군가는 성공을 보여주면 나도 그렇게 따라서 해보겠다고 한다. 반면에 누군가는 스스로 성공을 만들어 세상에 보여준다. 그것이 1등의 철학이다!

스마트한 영혼의 낭비

누구나 자신의 일에 최선을 다하지만 일을 대하는 방법과 태도에 따라 결과는 차이가 나게 마련이다. 일을 할 때 가장 기본적으로 요구되는 것은 열심히 하는 자세이다. 그러나 그게 다는 아니다. 누구나 열심히만 하면 자신의 분야에서 최고의 달인이 될 수 있다고 말하고 싶지만 현실은 그렇지가 않다. 그래서 일에 대한 재구성이 필요하다. 스마트하게 일하면 일의 과정과 결과가 달라진다. 이것이 바로 경쟁력이다.

미국의 전설적인 농구 선수 마이클 조던은 자신의 손끝을 떠난 공이 림에 들어가는 순간을 위하여 25년 이상을 연구하고 연습했다. 손끝을 떠난 공이 림에 들어가는 1초를 위하여 매 순간이 유니폼을 입는 마지막 순간인 것처럼 연습에 혼신을 다하였다. 그 결과 그는 미국 프로 농구(NBA) 통산 우승 6회, 득점왕 10회, 올스타 MVP 3회 그리고 올림픽 메달 2회 획득 등의 업적을 쌓으며 20세기의 가장 위대한 농구 선수로 기록됐다.

그는 어린 시절 키가 그다지 크지 않아서 주목받지 못할 때 농구를 그만둘까 생각할 정도로 심한 고민과 방황을 했다. 그때 아버지의 말 한 마디가 조던을 새로운 세상으로 인도하는 빛이 되었다. “아들아! 시도하지도 않고 이룰 수 있는 것은 아무것도 없단다.” 그날 이후 조던은 다시 운동화 끈을 묶고 연습에 들어갔다. 그리고 작은 키로 인한 약점을 보완하기 위하여 높이 점프하는 연습, 드리블을 하면서 몰고 가는 연습, 외곽에서 점프슛하는 연습, 백보드를 맞추어 림 안에 들어가게 하는 뱅크슛 연습 등을 지속적으로 해나갔다.

마침내 기적 같은 일이 일어나게 된다. 보통의 키로 주목받지 못했던 그가 198센티미터까지 성장하게 되었던 것이다. 피나는 연습의 결과로 22세에 농구 명문 구단인 시카고 불스에 입단하게 된 조던은 다른 선수들이 낮 연습에만 참가할 때도 야간 연습까지 단 한번도 빠지지 않으며 자신의 기량을 최대한으로 끌어올렸다. “인간이 농구를 만들었지만

신은 조던을 만들었다"라고 할 정도로 농구계에서 조던의 영향력은 전설적이다. 이러한 영향력은 그의 재능과 끊임없는 연습에서 나온 것이다.

경쟁사회를 사는 현대인 역시 조던만큼은 아닐지라도 자신의 분야에서 성장하기 위해 치열하게 싸우고 있다. 생존경쟁 속에서도 "성장하지 않는다면 그것은 죽음일 뿐"이라는 말을 명심해야 한다.

50~60년 전에는 모든 비즈니스 분야에서 변화의 속도가 10년 단위로 바뀌곤 했다. 그러다 10~20년 전부터는 그 변화의 주기가 5년, 3년으로 짧아지기 시작하더니 최근 2~3년 전부터는 1년에서 3개월로 급격하게 빨라졌다. 이러한 변화의 속도에서 잠시라도 한눈을 팔거나 여유를 부리게 되면 예상치도 못하게 밑바닥으로 곤두박질치게 되며, 어쩌면 영원히 경쟁 무대로 복귀하지 못할 수도 있다. 무한 변화의 시대에 지속가능한 생존을 위해서는 변화를 두려워하지 않는 자세가 무엇보다 중요하다.

일반적으로 어떤 일이든 능숙해지고 나면 더 이상의 변화를 추구하지 않는 것이 안전하고 현명한 일이라고 생각한다. 이러한 생각이 드는 순간이 바로 나락으로 떨어지는 위기의 순간이다. 경쟁업체에겐 변화를 두려워하는 조직들이 고마운 먹잇감으로 느껴질 것이다.

추격자들은 선두업체의 위치를 탈환하기 위하여 밤낮으로 변화와 혁신을 추구한다. 그러다 순식간에 경쟁의 판도가 바뀐다. 인류는 변화된 판도에 열광하며 몰려가고 다시는 과거로 돌아가지 않는다. 이것이 바로 인류를 지금까지 끊임없이 성장시켜온 동력인지도 모른다. 만약 구석기 시대에 인간이 부싯돌에 불을 얼마나 빨리 붙일 것인가에만 몰두했다면 우리는 지금처럼 발전하지 못했을 것이다.

끊임없는 변화를 이끌어내기 위해서는 내가 하는 일을 또 다른 시각에서 보는 접근법이 필요하다. 더불어 창조적인 인재를 키우는 시스템이 필요하다. 세상을 이끄는 힘은 세상을 바꾸는 창조적 사고에서부터 나오며, 이것이야말로 인류를 끊임없이 성장시켜온 동력이다.

변화를 두려워하지 마라. 세상의 변화를 감지하고 그 변화에 먼저 다가가라. 그렇지 않으면 여우 굴에 들어가서 혼자만 나오지 않는 자신을 발견하게 된다.

세일즈 고수들은 월말이 여유롭다

세계적인 비보이 대회를 보면 비보이들이 하나같이 헐렁한 바지와 윗도리를 입고 나와서 경합을 벌인다. 비보이들이 몸에 착 달라붙는 타이즈를 입고 브레이크댄스를 춘다고 상상해보라. 과연 비보이들의 흥을 제대로 느낄 수 있을까? 비보이들의 흥은 헐렁한 옷에서 나오는 여유로움과 상상을 초월한 몸의 각도에서 나오는 폭발적인 열정에서부터 시작된다.

세일즈업의 경우 매주, 매달 정해진 일정에 따라 예측 가능한 기대치가 결과로 나오게 된다. 그러나 세일즈 고수는 절대로 월말 마감 일정에 끌려다니지 않는다. 매월 마감 일정에 끌려다니게 되면 세일즈의 묘미를 느낄 수 없을 뿐만 아니라 일을 즐길 수도 없게 된다. 그럴 거면 뭐하러 세일즈업에 뛰어들었는지 반문하고 싶다. 매달 정해진 날짜에 상사에게 분석 자료나 기획안을 보고하는 샐러리맨과 다를 바가 무엇이 있겠는가?

세일즈업의 매력은 스스로 목표를 세우고 전략을 짜고 성과를 올려 성취감을 만끽하는 데 있다. 그중에서 가장 중요한 것은 일정 관리를 스스로 한다는 것, 즉 독립적으로 일할 수 있다는 것이다. 세일즈업의 이 같은 특징을 간과한 채 매달 마감에 쫓기는 신세가 된다면 산해진미를 눈앞에 두고도 죽만 먹고 식사를 마치는 것과 다를 바 없다.

마감 일정에 쫓기지 않는 세일즈 고수들에게선 세 가지 비법을 공통적으로 찾아볼 수 있다.

비법 1 세일즈 고수는 절대로 시간에 쫓기지 않는다.

세일즈 고수는 목표를 달성하기 위하여 정해진 시간에 모든 노력을 집중한다. 다시 말해 시간을 낭비하지 않고 정해진 시간에 목숨을 걸고 일한다. 쓸데없이 낭비하는 시간은 죽음을 부르는 시간이라고 여길 정도로 이들은 시간 관리에 철저하다.

얼마 전에 일에 몰두하다가 점심 먹을 시간이 부족하여 커피숍에 샌드위치와 커피를 사러 갔다. 세일즈맨으로 보이는 직장인 세 명이 핸드폰을 보며 잡담을 하고 있었다. 뭐가 그렇게 재미있는가 싶어 그들의 핸드폰을 어깨 너머로 보는 순간 눈앞이 아찔했다. 핸드폰으로 게임을 하고 있었다. 이제 30대 초중반의 세일즈맨들이 한참 고객을 만나야 할 시간인 오후 2시경에 동료들과 어울려서 게임을 하고 있으니 이들의 영업 실적은 안 봐도 상상이 되었다.

세일즈업은 시간을 통제하거나 간섭하는 사람이 따로 없기 때문에 누군가에게는 최고의 시스템이 될 수도 있으나, 자신을 통제하지 못하는 미숙한 사람들에게는 독이 되기도 한다. 세일즈 고수가 되기 위해서는 의미 없이 낭비되는 시간이 없어야 한다. 그렇게 할 때 마감에 쫓기지 않는 인생을 살 수 있다.

실제로 월말이 여유로운 고수들은 오히려 매월 초에 많은 계약을 체결한다. 예를 들면 1주차부터 3주차까지 매주 5건을 체결하고 4주차 월말 마감에 3건을 체결하여 총 18건을 체결하거나 아니면 1주차부터 3주차까지 매주 4건, 월말 4주차에 3건을 체결해 총 15건을 체결하기도 한다. 매달 23일~25일경 당월 마감을 전부 마무리하고 일주일간은 여유롭게 고객을 만나면서 다음 달 영업 준비를 하는 것이다.

이렇게 융통성 있게 고객을 만나므로 마감에 쫓겨 고객에게 무리한 계약을 강요하거나 초조해할 필요가 없다. 그 결과 항상 고객에게 안정감을 주고 고객의 신뢰를 얻으며 일을 즐기게 되는 것이다. 이러한 활동 패턴을 유지하기 위해서는 철저한 자기 관리와 목표 관리가 선행되어야 한다.

비법 2 _세일즈 고수는 목표를 갱신하는 데 역점을 둔다.

세일즈맨들 중엔 더 이상 발전하고자 하는 노력이나 의욕 없이 매달 정해진 활동만 하는 사람이 많다. 안타까운 것은 이런 유형이 경제가 어렵거나 영업 환경이 바뀔 때 제일 먼저 시장에서 도태되는데 정작 당사자들은 그 사실을 모른다는 점이다.

세일즈 업계도 다른 업계와 마찬가지로 지속적인 변화를 통하여 발전해나간다. 그러다보니 새로운 환경에 적응하고자 하는 노력을 조금이라도 게을리하게 되면 시장에서 퇴출되는 것은 시간 문제이다. 세일즈 업종은 웬만해서는 회사에서 퇴출되지 않는다. 중간 정도만 유지하면 큰 문제는 없다. 정말 무서운 것은 시장에서 고객으로부터 퇴출되는 것이다. 고객의 수준은 지속적으로 높아지는데 세일즈맨의 수준이 초기 단계에 머물러 있다면 고객은 세일즈맨을 외면할 수밖에 없지 않겠는가?

주식 투자를 할 때 주식의 가치를 높여줄 수 있는 CEO를 보고 그 기업의 주식을 선택하듯, 자신이 구입할 상품의 가치를 합당하게 보장해줄 수 있는 세일즈맨이 아니면 고객이 해당 상품을 구입하지 않을 게 자명하다. 소송에 휘말렸을 때 경험이 없는 초임 변호사를 선임하여 승소하기를 바라는 사람이 없는 것과 마찬가지이다.

기량 향상은 얼마나 많은 실전 경험과 성공 경험을 쌓아 왔냐에 달려 있다고 해도 과언이 아니다. 세일즈맨의 기량은 매년 자신의 업적을 갱신하는 데서 확인할 수 있다. 만약 보험 세일즈맨으로 입사하여 1~2년 내에 보험 승자들의 전당인 MDRT의 회원이 되었다면 그다음 3~4년차 때는 COT(Court of the Table, MDRT 실적의 3배)를 목표로 하고, 그 다음 5~6년차 때는 TOT(Top of the Table, MDRT 실적의 6배)를 달성하여 기량을 지속적으로 향상시켜야 한다.

이러한 노력을 경주해야 세일즈 업계에서 오래 살아남을 수 있다. 그렇지 않고 저실적자로 남게 된다면 발전은 고사하고 매일 커피숍에서 동료들과 시간만 허비하는 영혼 없는 젊은 날을 보내게 될 것이다. 젊었을 때 땀 흘리지 않으면 노년에 결실을 맺을 수 없다는 진리를 간과해서는 안 된다.

장대 높이뛰기 금메달 리스트인 러시아 출신의 엘레나 이신바에바 선수는 2008년 베이징 올림픽에서 5.05미터를 뛰어넘으며 신기록을 수립하였다. 그녀에게 5.05미터 높이를 뛰어넘겠다는 목표가 없었다면 채 4.5미터도 못 뛰어넘었을 것이다. 목표는 자신이 도달할 곳을 안내해주는 동반자이다. 그러므로 목표가 없다면 갈 곳도 없다는 점을 명심하라!

비법 3 세일즈 고수는 실패에서 배운다.

대부분의 세일즈맨들은 계약 체결에만 관심을 기울이며 계약 대상자를 찾기 위해 노력한다. 그러다가 실패를 거듭하면 자신의 능력과 노력 부족을 탓하기에 앞서 세일즈업 자체에 실망하고 일을 그만두게 된다.

그러나 고수들은 실패에서 해답을 찾는다. 실패의 원인을 철저히 파악하여 다음에는 절대로 똑같은 상황이 반복되지 않도록 대비한다. 고수들은 앉아서 영업을 풀어나가려고 하지 않는다. 매일 정해진 일정대로 꾸준히 가망 고객을 찾고 만난다. 그 만남을 단발성으로 그치게 하는 것이 아니라 고객을 친구나 협력자로 만들어간다. 이러한 노력과 시간과 정성이 고객의 마음을 열고 신뢰 지수를 높이는 것이다.

일전에 TV에서 본 두 마리의 개구리 이야기가 생각난다.

우유통에 빠진 두 마리 개구리 중 한 마리는 우유통을 나오기 위해 안간힘을 썼으나 통이 너무 미끄러워서 나올 수 없자 급기야 탈출을 포기하고 서서히 죽어갔다. 그러나 다른 한 마리는 미끄러져도 계속 나오려고 발버둥치며 포기하지 않았다. 우유가 서서히 치즈로 변하기 시작하자 그 개구리는 치즈 덩어리가 된 고체 우유를 딛고 마침내 탈출에 성공했다.

활동이 없다면 세일즈도 없고 고수도 없다. 고수는 책상 앞에서 탄생하는 것이 아니라 고객 옆에서 탄생한다.

목표는 절제된 힘을 발휘하게 한다

영업 담당 리더들이 목표에 대하여 얼마나 민감하게 인지하고 얼마나 절박한 마음가짐을 가지느냐에 따라 조직의 움직임과 행동 유형이 달라진다. 모든 조직은 위에서 아래로 흘러가는 순환 공유체이므로 매주 조직의 흐름을 보면 월말과 분기별, 연도별 목표 달성에 대한 의지와 열정을 감지할 수 있다. 목표를 부여받으면 그 목표는 한 해 동안 세일즈맨의 보스가 되는 것이다.

목표를 달성하면 메달을 받고, 실패하면 메달을 받는 선수들을 위해 박수치면서 쓸쓸히 돌아가야 한다. 운동 선수들은 기록을 갱신하기 위하여 목숨을 걸고 경기에 임한다. 매년 세계 대회에 나가서 기량을 확인하고 4년마다 열리는 올림픽 경기에 나가서 진정한 승부를 펼친다.

영업을 맡고 있는 리더가 목표 달성에 임하는 태도를 보면 어느 정도 결과를 예측할 수 있다고 해도 과언이 아니다. 리더는 세일즈맨들의 목표에 대한 인식을 명확하게 정립해주어야 한다. 목표는 목표일 뿐이고 적당히 해도 넘어간다는 사고방식으로는 절대로 목표에 도달할 수 없다. 세일즈맨에겐 목표 달성 의지와 결과를 지속적으로 추적하는 개별 관리가 필수이다.

올림픽 같은 세계적인 경기에 아무나 출전시키지 않는다는 것은 상식이다. 매년 엄격한 선발전을 통해 최고의 기량과 잠재력을 가진 선수를 발굴하여 올림픽 선수촌에 입소시킨 후 고강도의 훈련을 시킨다. 선의의 경쟁을 통하여 선발전을 통과한 최고의 선수만을 최종 선발한다. 이렇게 엄정한 과정을 통과한 선수만이 금메달이라는 목표에 집중할 수 있다.

영업을 담당하는 리더 또한 세일즈맨들의 조직력을 점검하고 방향을 명확하게 설정하여야 한다. 오합지졸들의 집합체에 불과하다면 최고의 영업 방침과 시스템을 구축하였다해도 그 영업 문화를 받아들이기에 한계가 있기 때문이다.

최고의 인재가 최고의 문화를 만들어간다. 성공적인 영업 문화를 만들어가기 위해 올림픽 출전 선수를 선발하듯 리더의 영업 방침에 부합하는 세일즈맨들을 엄선해야 한다.

그렇게 리더 본인이 생각하는 조직이 구성되었다면 영업 문화를 개혁해야 한다. 이전에 해왔던 영업 방식을 그대로 답습한다면 아무리 훌륭한 조직을 구성했다 하더라도 그 조직 문화는 개선되기 어렵다고 봐야 한다. 말로만 개혁하는 것이 아니라 새로운 문화와 시스템을 결합해 모든 것을 바꿔야 한다.

그렇다면 새로운 영업 문화란 어떤 것인가. 이제까지의 영업은 목표를 부여하고, 안 되면 강압적으로 야단을 치고, 저녁에 술을 마시고 푸는 식의 문화가 주류를 이루었다. 그러나 이러한 영업 문화는 시대착오적이라 더 이상 유지되기 어렵다.

이제 리더들 스스로가 영업에서 최고의 실력자가 되어야 한다. 단순히 관리자로 군림하는 것이 아니라 최고의 세일즈맨으로서 지점 운영의 시스템을 전환하여야 한다. 회사의 공문을 전달하는 미팅이 아닌, 매일 실전에서 운영되는 전략 세미나 형태의 연구개발 미팅이 도입되어야 한다. 그러기 위해서는 조직원들의 치열한 노력이 수반되어야 하며 공유할 가치를 지닌 사례를 주제별로 발췌하여 나누고 시너지를 유발해야 한다.

다음으로는 개인별 영업 활동 스코어카드 및 업적 성과 스코어카드를 철저히 분석하여 맞춤형 컨설팅을 해야 한다. 세일즈맨 한 명 한 명의 스코어카드는 그의 영업의 현주소일 뿐만 아니라 향후 목표치를 제시해주는 방향키이기도 하다. 명확한 목표와 달성 시간을 정해놓은 뒤 목표 달성에 필요한 교육 지원과 관리, 동기 부여 등을 통해 철저히 개인별 컨설팅을 해야 한다.

숲만 보고 나무를 보지 않는 형태의 영업 문화로는 더 이상 전문적인 세일즈맨을 키울 수 없다는 것을 리더들은 명심해야 한다. 숫자로 보고를 받는 것은 이미 상황이 종료된 죽은 숫자를 보는 것에 불과하다. 매일매일의 살아 있는 보고가 중요하다.

조직을 보면 업적이 보인다. 만약 조직에 비하여 업적이 과도하게 나온다면 윤리적인 측면을 점검하고 정기적으로 관리해야 한다. 반면에 조직에 비하여 업적이 과소하게 나온다면 리더들의 리더십을 점검해야 한다. 리더들이 영업에 열정적으로 집중하고 있는지, 영업 지원은 제대로 하고 있는지, 리더십이 부족하지는 않은지 등을 명확히 파악하여 대안을 제시해야 한다. 영업은 성장을 위하여 기다려줄 줄도 알아야 하므로 긴 호흡으로 지켜볼 필요도 있다.

이러한 모든 과정은 한 명의 제대로 된 세일즈맨을 만드는 데서부터 시작되어야 한다. 세일즈맨은 회사의 전략적 자산일 뿐만 아니라 회사의 얼굴이기 때문이다.

포기하지 않는 근육을 생성하라

우리는 살면서 너무도 많은 선택과 포기를 반복하게 된다. 포기, 반성, 자책, 좌절, 재도전이 없다면 인간의 삶이라고 하기 어려울 것이다. 그만큼 포기는 우리에게 너무도 자연스럽다. 그러나 정말 중요한 일을 선택해놓고 중도 포기를 한다면? 그것은 인생의 큰 얼음 절벽인 크레바스를 스스로 만드는 것과 다를 바 없다.

인생은 지속적으로 성장과 성숙을 해가는 과정이며, 시간과 공간의 연속성으로부터 자유로울 수 없다. 대학 입시를 포기하고 있던 고3 수험생이 입시를 몇 개월을 남겨놓고 벼락치기로 공부하여 명문대에 입학했다는 무용담은 현실적으로 와 닿지 않는다.

내 인생을 돌아볼 때 가장 잘한 일을 꼽으라면 담배를 끊은 것이다. 내가 처음 담배를 피운 것은 대학교 1학년 신입생 환영회 때였다. 동기들과 어울려 담배라는 것을 처음 피웠던 기억이 난다. 그렇게 배운 담배를 회사에 입사해서도 지속적으로 피우다보니 어느덧 10년을 피우게 됐다.

10년간 담배를 피우다 담배의 유해성에 대하여 깊이 생각하게 되었고, 이제는 피울 만큼 피웠다는 생각이 들어 담배를 끊어야겠다고 결심하게 되었다. 그때가 바로 1988년 8월 8일 오전 8시였다. 나는 그날부터 지금까지 단 한 번도 담배를 피운 적이 없다. 그날 이후 30년 이상 금연을 한 것이다. 이러한 결단은 지금까지 살면서 내게 큰 영향을 미쳤다.

인생에서 정도를 택하거나 인생을 걸 만큼 중요한 결단을 내려야 할 때 반드시 사전에 체크해야 할 다섯 가지 행동 원칙이 있다.

첫째, 결단으로 인한 결과가 나와 내 가족과 내가 소속된 사회에 유익하고 정의롭다면 그 즉시 시행하라. 결단을 내릴 때는 계기가 있어야 하고 그 계기가 나와 사회에 정의로운 일인가에 초점을 맞추어 결정하면 크게 실수하거나 실패하지 않게 된다.

둘째, 결단을 내린 후에는 계획을 치밀하고 섬세하게 세워 추진하라. 결단은 누구나 하지만 그 결단을 행동으로 옮기는 것은 크건 작건 용기가 필요한 일이다. 해보지도 않고 비평하는 천재보다 해보고 실패한 바보가 낫다. 그만큼 실행이 중요하다. 정확한 목표와 달성 기간, 시행 방법 그리고 시행 시 예상되는 리스크와 대처 방법 등을 면밀하게 고려하고 매일 계획표를 체크하면 실행이 용이해진다.

셋째, 지인들에게 나의 결단을 명확하게 알리고 추진 과정을 지속적으로 공유하라. 혼자만의 결단이라 생각하고 실행하다보면 타협하거나 중도 포기할 변명거리를 찾기에 급급해진다. 이를 막기 위해 자신의 목표를 가족과 가까운 지인들에게 알리고 그들의 지원과 응원을 받는다. 그렇게 하다보면 자신의 행동에 책임을 지고자 하는 반발 탄력계수가 강해져 중도에 포기할 확률이 상대적으로 낮아진다.

넷째, 주변의 선배와 멘토들에게 정기적으로 조언을 들어라. 인생의 성공은 내가 누구와 교제하고 시간을 보내느냐에 달려 있다. 인간은 주변 환경에 너무도 민감하게 반응하며 영향을 받는 사회적 동물이다. '맹모삼천지교'라는 말이 괜히 나온 게 아니다.

매일 접하고 만나는 사람의 말 한 마디가 나를 살릴 수도 있고 죽일 수도 있다. 각 분야의 성공한 선배와 멘토들 중 인격과 지혜가 출중한 사람들을 정기적으로 만나 조언을 들어야 한다.

다섯째, 결단이 옳다면 절대로 부정적인 말에 흔들리지 말고 초심을 견지하라. 인간은 참으로 허약한 존재이기 때문에 주변의 유혹과 제안에 쉽게 흔들리거나 무너질 수밖에 없다. 이 같은 한계점을 알고 있어야 더 철저히 준비할 수 있다.

아무리 멋진 목표를 세우고 결단을 내렸어도 그럴싸한 이유를 들어 적당히 타협하거나 중도에 포기하고 싶은 마음은 인지상정이다. 결단은 유지하기가 어렵고 힘들기 때문에 그만큼 더 가치 있다. 달성하고자 하는 목표가 있고 결심을 했다면 절대 부정적인 말과 유혹에 흔들리지 마라. 매일 건강한 긴장감을 가지고 묵묵히 한 발짝씩 전진할 때 비로소 포기를 모르는 근성이 자리잡게 된다. 그 근성이 당신을 정상에 서게 할 것이다.

PART 6

말은 천년의 원앙, 천년의 원수를 만든다

소통의 여섯 가지 숨겨진 원칙

커뮤니케이션은 경청에서 시작하여 경청으로 끝난다 해도 과언이 아니다. 커뮤니케이션에 실패한다면 인간관계의 큰 축을 상실하는 것과도 같기에 커뮤니케이션의 중요성은 아무리 강조해도 지나치지 않다. 이처럼 중요한 커뮤니케이션을 잘하기 위해서는 커뮤니케이션의 여섯 가지 원칙을 적절히 활용해야 한다.

첫째 늘 미소를 지어라.

미소는 모든 인간을 무장 해제시키는 강력한 마법을 지니고 있어 신이 인간에게 준 선물로도 불린다. 잘 웃는 사람들은 상대적으로 면역력이 강하다. 웃으면 감마인터페론이

200배나 증가하여 우리 몸속의 면역력을 높여줄 뿐만 아니라 스트레스 해소에도 큰 역할을 담당하기 때문이다.

놀이터나 작은 분수대가 있는 곳에서는 늘 웃음소리가 끊이지 않는다. 웃음소리가 나는 곳으로 가보면 뭐가 그리도 즐거운지 아이들이 신나게 놀고 있다. 그러나 어른이 되고 세파에 시달리다보면 만사를 귀찮은 표정으로 바라보고 행동하게 된다. 짜증과 고민으로 얼굴이 굳어져 상대방에게 더 이상 다가오지 말라는 무언의 경고를 하듯 무표정으로 대하기도 한다. 이런 상황에서 자연스러운 대화나 비즈니스가 이루어질 리 만무하다. 얼굴을 무장 해제하라. 그리고 신이 인간에게 내린 선물인 미소를 지어라.

둘째 열린 자세로 상대방을 맞이하라.

사람의 자세나 태도는 무언의 언어이므로 상대방을 처음 대할 때 매우 중요한 대화의 요소이다. 몸의 언어에는 긍정적인 메시지를 주는 표현과 부정적이고 경계심을 유발하는 표현이 있다.

대표적인 부정적 표현이 팔짱을 끼고 상대방을 무표정하게 바라보는 것이다. 이러한 모습은 세미나나 회의 자리에서 자주 볼 수 있는데 상대방에게 대단히 부담을 주는 행동이다. 회의 자리에서 팔짱을 끼고 무표정하게 앉아 있으면 어떠한 대화도 긍정적으로 진전되기 어려울 뿐만 아니라 마음의 문을 여는 시간 또한 오래 걸리게 된다.

그러므로 대화를 시작하기 전에 먼저 거울을 보고 자연스러운 미소를 지어보며 즐거운 생각으로 몸과 마음을 이완시킬 필요가 있다. 연애를 시작한 지 얼마 안 되는 커플을 보면 쉽게 이해될 것이다. 상대방을 바라보는 눈빛이나 몸짓이 그렇게 다정다감할 수 없는데, 이러한 모습 자체가 상대방의 마음을 여는 매우 중요한 대화 기법이다.

셋째 상대방 앞으로 몸을 집중하는 자세를 유지하라.

'눈에서 멀어지면 마음도 멀어진다'는 말이 있다. 상대방에게서 몸이 멀어지면 대화의 친밀도는 떨어질 수밖에 없다. 신혼을 지나 아이들을 낳고 중년에 이르게 되면 부부간의 거리가 점점 멀어지는 것을 보게 된다. 몸만 멀어지는 것이 아니라 말 또한 멀어진다.

대화를 할 때 항상 상대방에게 집중하여 몸을 앞으로 기울여야 한다. 그리고 주변에 포탄이 떨어져도 상대방의 말만 경청하고 있다는 표정으로 경청하라. 그러면 상대방은 매우 기분 좋은 사람과 대화했다고 생각하게 될 것이다.

넷째_자연스러운 스킨십을 하라.

과도한 스킨십은 오해를 불러일으킬 수 있으므로 조심해야 한다. 그러나 상황에 맞는 적절한 스킨십은 상대방에게 매우 정중한 느낌을 줄 수 있다.

도널드 트럼프 미국 대통령의 악수 외교가 정가에서 화제가 되었다. 악수를 통한 스킨십은 상대방에게 내가 얼마나 당신을 존경하고 집중하고 있는지, 아니면 거만하고 성의가 없는지 등을 드러낸다. 그러므로 악수를 하든, 가벼운 포옹을 하든 상대방에게 진정으로 집중하며 정중하게 할 필요가 있다. 다른 곳을 바라보면서 건성으로 악수를 하거나, 성의 없이 손가락만 내미는 행위는 상대방에게 불쾌감을 심어주게 된다.

다섯째_상대방과 시선을 마주쳐라.

상대방의 눈을 직접 보고 말하면 대화 분위기 또한 매우 우호적으로 발전하게 된다. 그러나 상대방의 눈을 쳐다보지 않고 회피하면 소심한 사람이라는 인상을 줄 수 있으며 협상에서 우호적인 결과를 이끌어낼 수 없다. 대화를 할 때는 자연스럽게 상대방의 눈을 보며 적절한 타이밍에 부드러운 미소를 지어야 한다. 상대방의 마음을 얻게 될 것이다.

여섯째 **맞장구를 치면서 고개를 끄덕여라.**

일방적인 대화는 훈계와 같다. 정상적인 대화는 상호 우호적인 소통을 통하여 이루어지는데, 상대방의 말에 반응하는 끄덕임은 우호적인 소통의 기술 중 하나이다. 추임새와 끄덕임은 상대방으로 하여금 더욱 즐거운 대화를 이어가게 만들고 맞장구는 당신을 같이 대화하고 싶은 사람으로 기억하게 만들 것이다. 경청은 대화를 우호적으로 이끌어가는 중요한 역할을 한다. 경청과 맞장구는 늘 숙지하고 실천해야 할 중요한 비즈니스 기술임을 명심하라.

말의 기술

말이 거친 남자가 버스에 탔는데 무슨 일인지 버스가 출발을 하지 않았다. 남자가 "이 똥차 언제 갑니까?"라고 말하자 버스 기사가 그 남자를 물끄러미 쳐다보더니 "똥이 다 차야 가지요"라고 대답했다. 인간은 태어나면서부터 죽을 때까지 말을 통해 교류하고 소통한다. 이러한 중요한 커뮤니케이션을 제대로 못한다면 그만큼 현대사회를 살아갈 경쟁력이 뒤처질 수밖에 없다.

말은 그 사람의 인격을 나타내는 도구이자 현재 그 사람의 마음 상태를 드러낸다. 말은 사람의 마음을 감싸주기도 하고 위로하기도 하며 신뢰를 주기도 한다. 한편으로 말은 사람의 마음을 닫아버리기도 하고 칼로 베는 상처보다 더 큰 아픔을 주기도 한다. 이렇게 중요한 말을 아무 생각 없이 입에서 나오는 대로 내뱉는다면 그것은 석유 통을 들고 불 속에 뛰어드는 행동과 다를 바 없다.

자주 싸우는 부부들의 공통점은 상대방의 마음을 헤아려주지 않고 자신의 주장만을 관철하고자 한다는 것이다. 어느 날 퇴근한 남편이 아내에게 "요즘 나 정말 힘들다"라고 말하자 아내가 "당신만 직장 생활하는 거 아니야, 유세 떨지 마"라고 반응한다면, 남편은 더 이상 아내와 대화하지 않으려 할 것이다. 두 사람의 대화는 언쟁으로 발전하며 급기야는 대화가 단절된다. 만약 힘들다는 남편의 말에 아내가 "요즘 정말 힘들죠? 당신 수고가 많아요. 조금만 참고 기운 내요"라고 답한다면 남편은 아내의 이해와 배려에 감사할 것이다.

마찬가지로 공부가 힘들다는 아이에게 "그래 힘들지? 수고 많다. 그렇지만 조금만 더 열심히 해보자"라고 격려한다면 아이는 다시 책상에 앉을 마음이 생길 것이다. 그러나 아이에게 "너만 공부하는 게 아니야, 옆집 철수는 시험만 보면 100점을 받는데 너는 도대체 뭐 하는 거니?"라며 야단친다면 아이는 좌절감과 반항심으로 공부에 더욱 흥미를 잃게 될 것이다. 이와 같이 말은 한 아이를 모범생으로 만들 수도 있고 문제아로 만들 수도 있으므로 말에는 항상 사랑이 전제되어야 한다.

어려운 살림에 아이들을 키우며 알뜰하게 살아온 엄마가 모처럼 딸과 외출하려고 준비하는데 입을 옷이 마땅찮다. 하는 수 없이 집에서 입던 옷을 입고 나가려 하는데 딸이 "엄마! 제발 그 옷 입지 말아요. 남 보기 창피해!"라고 한다면 엄마는 크게 낙담할 것이다. 반면에 "엄마, 우리 예쁜 옷 사러 가자, 제가 사드릴게요"라고 한다면 엄마의 마음은 눈 녹듯이 녹을 것이다. 엄마에게는 말 한 마디가 그동안 고생한 세월에 대한 보상이 될 수도 있는 것이다.

이처럼 중요한 대화를 잘하기 위해서는 몇 가지 원칙들을 유념해야 한다.

첫째, 상대방의 말을 다시 반복해준다. "나 힘들어!"라고 하면 "그래 힘들지, 조금만 참자!" 하는 식으로 말이다.

둘째, 상대방의 말에 고개를 끄덕이고 맞장구를 치면서 끝까지 들어준다. 말을 그냥 듣는 것과 잘 들어주는 것은 엄청나게 다르다. 상대방이 진지하게 이야기를 하는데 듣는 둥 마는 둥 하면 상대방은 더 이상 대화하려 하지 않을 것이다. 영혼이 없는 대화로는 친밀한 관계를 형성해나갈 수 없다.

한 강연자가 무대 위에서 강연을 하는데 맨 앞줄에 앉은 소녀가 자신의 이야기에 몰입하면서 고개를 연신 끄덕이고 너무도 잘 호응해주었다. 신이 난 강연자는 열정적으로 강연에 임했고, 두 시간의 강연 시간이 마치 30분도 안 된 것처럼 빨리 지나갔다. 강연이 끝난 뒤 그 소녀를 로비에서 우연히 만나게 되었는데 놀랍게도 소녀는 듣지 못하는 선천적 난청이었다. 그럼에도 강연자의 입술을 보면서 열심히 경청했던 것이다. 이처럼 경청은 장황하게 말하는 것보다도 더 큰 결과를 낳기도 한다.

셋째, 마음을 내려놓고 상대방의 말에 진심으로 공감해준다. 남자들은 나이 들어 은퇴를 하면 좀처럼 새로운 친구를 사귀지 못한다. 젊었을 때 잘나가던 생각만 하면서 자기 주장만 펼치다보니 상대방이 마음을 열고 쉽게 다가와주지 않는 것이다. "내가 왕년에 군대에서 사단장으로 은퇴했는데 감히 내 앞에서 까불어!" "내가 대기업에서 사장으로 은퇴했는데 감히 나한테 이런 이야기를 해!" 자신의 과거를 내려놓지 못하고 자기 주장만 하다보면 어느 누구도 다가오지 않게 마련이다. 반면에 노년의 여성들은 모르는 사람들끼리도 언니, 동생 하면서 스스럼없이 대화하며 조그마한 일에도 깔깔거리며 즐겁게 이야기한다.

친밀한 관계를 유지하는 가장 중요한 비결은 겸손과 공감이다. 부부는 말로 천년의 원앙 관계를 맺기도 하고, 천년의 원수 관계를 맺기도 한다. 말은 죽어가는 사람을 살리는 생명수이기도 하고, 멀쩡한 사람을 죽게 만드는 독약이기도 하다. 말은 자녀들에게 무한한 가능성을 열어주는 비전의 방향이기도 하고, 자녀들의 자신감을 상실케 하는 날 없는 비수이기도 하다. 입에서 나오는 대로 말을 내뱉지 말고 상대방을 존중하고 높여주는 말을 사용하라. 당신의 위신도 함께 올라갈 것이다!

측량줄을 준비하라

집을 지을 때 설계도가 준비되어야 하듯이 인생의 항해에도 설계도와 나침반이 필요하다. 그 나침반과 같은 역할을 하는 측량줄을 가지고 있느냐 없느냐에 따라 인생의 방향이 달라진다.

내가 어렸을 때 공사 현장에선 벽돌을 쌓을 때 항상 양쪽 끝에 줄을 묶어서 쌓아올리곤 했다. 이때 중심이 흐트러지지 않고 일정하게 쌓도록 하기 위한 기준점 역할을 하는 것이 바로 측량줄이었다. 우리의 인생도 다르지 않아서 측량줄이 있느냐 없느냐에 따라 중심이 잡힌 인생을 살아가기도 하고 중심 없이 두 다리가 허공에 떠서 허우적거리는 삶을 살아가기도 한다.

인생의 측량줄과 같은 역할은 다름 아닌 멘토가 담당한다. 진정한 삶의 멘토가 세 명만 옆에 있어도 살아가면서 경험하는 큰 리스크를 예방할 수 있으며, 삶의 방향을 다잡아갈 수 있다.

내가 가장 후회하는 점은 진정한 멘토를 만들지 못하고 30~40대를 살아온 것이다. 자신감이 넘친 나머지 내 능력을 과신하며 앞만 보고 살아온 것 같다. 어찌 보면 용감하기도 했고 어찌 보면 참으로 안쓰러운 시간이었다.

그러다가 40대 후반에 나는 진정한 멘토를 만났다. 내가 만난 인생의 멘토는 바로 예수 그리스도였다. 나는 매일 아침 묵상을 통하여 예수 그리스도와 인격적으로 교감했다. 그리스도는 내 삶의 방향을 점검하여주고 나를 붙잡아주었다. 또 다른 멘토는 업무적으로나 인격적으로 성숙하여 항상 주변의 존경을 받는 분이다. 나는 이러한 훌륭한 선배들과 매달 정기적인 만남을 통하여 인생의 깊이를 전해들을 수 있는 기회를 갖게 되었다.

과거 우리에게 제일 빠른 교통수단은 말이었다. 말을 타고 원하는 곳으로 이동하고 소식도 전달했다. 그러나 현재는 전 세계 어느 곳이든 곧바로 소식이 전파되며 때로는 무차별적으로 살포되기도 한다. 불과 200년 전과 비교해보면, 우리는 너무나 많은 정보의 홍수 속에서 살고 있다. 그러나 정작 현대인은 200년 전에 살았던 선대보다 더 성숙하고 인격적인가를 보면 그렇지도 않다.

현대 문명은 비교할 수 없을 정도로 발전하였으나 정작 우리는 진정한 삶의 멘토를 잃은 채 살아가고 있다. 그러다보니 삶의 중심을 잡지 못하고 휩쓸리며 자극적인 흥미 위주의 삶을 살아가게 된다. 대중의 생각은 물론 참고해야 하지만 그것이 모든 것이라는 착각은 금물이다. 만약 두 사람이 있는데 한 명은 90세이고 또 한 명은 2세라면 이 집단의 평균 연령은 46세인가? 과연 이 평균이 타당한가? 숫자만 보거나 대중의 흐름만 보면서 방향을 측정하지 말고 그 숫자의 이면 상황을 보면서 전후를 파악해야 한다.

심장마비 전조 현상이 올 때의 응급처치법에 대한 글을 SNS에서 본적이 있다. 내용은 이러했다. "심장마비 전조 현상이 올 때 혼자 있다면 기침을 강하게 반복해야 한다. 심장 박동이 정상적으로 돌아올 때까지 심호흡과 기침을 약 2초 간격으로 반복한다." 이렇게 하면 병원에 갈 때까지 심각한 상황을 피할 수 있게 된다는 설명이었다. 글 말미에는 해당 글을 가족과 지인에게 빠짐없이 전파하여 위기 시에 대비할 수 있게 하라는 문장이 첨가되어 있었다.

이 내용은 SNS상으로 급속히 퍼지게 되었는데, 최근 뉴스에 유명인이나 일반인이 집에 혼자 있다가 심장마비로 갑자기 유명을 달리한 소식이 보도되면서 더욱 뜨거운 반향을 일으켰다. 그러나 그로부터 얼마 후 심장 전문의가 뉴스에 출연해 SNS 정보대로 응급처치를 하면 환자가 치명적인 상태에 처할 수 있다는 경고한 후에야 사태는 진정되었다.

대중의 잘못된 트렌드는 중대한 오류를 낳을 수 있다는 것을 인지해야 하며, 이러한 대중의 흐름 속에서 방향을 제시해주고 긍정적으로 흐름을 이끌어주는 멘토를 찾아 조언을 구할 필요가 있다. 지식은 넘쳐나지만 진정한 지혜를 가진 멘토는 찾기 어려운 시대이다. 이제라도 당신만의 진정한 멘토를 찾기 바란다.

행복한가요?

나를 교회로 인도한 대학 후배의 조카가 최근 한국에 왔다. 미국에서 태어나 그곳에서 자라고 있는 네 살짜리 아이였다. 후배가 한 달 동안 이 아이와 함께 생활하면서 느낀 것들을 담담하게 이야기하는데 참으로 많은 공감을 했다.

이 아이는 매일 하루에도 열두 번씩 이모에게 와서 "이모! Are you happy?" 하고 묻는다고 했다. 그러면 후배는 "응, 그래. Happy! Happy!"라고 건성으로 대답해주곤 했는데, 아이는 그 대답을 들으면 너무 기뻐서 "I'm so happy, too!" 하며 매일같이 이모의 기분을 확인했다고 한다.

어느덧 한 달이 지나 이 아이가 엄마와 함께 미국으로 돌아가자 후배는 매일 자신에게 와서 "Are you happy?"라며 관심을 갖고 안위를 물어보는 사람이 아무도 없다는 것을 알게 되었고, 아이가 자신에게 얼마나 소중했던가를 깨닫게 되어 일주일 동안 혼자 눈물을 흘렸다고 했다.

성공적인 인생의 비결은 대부분 인간관계에 있다. 진심 어린 관심과 배려, 공감, 경청은 시대가 흘러도 변하지 않는 보석과 같다. 미국의 전 대통령인 빌 클린턴과 대화를 나눠본 사람들 모두가 이구동성으로 하는 말은 빌과 대화를 나누다보면 세상에 단 둘밖에 없다는 착각을 할 정도로 그가 경청을 한다는 것이었다. 그만큼 영혼을 담은 경청은 상대방의 마음을 얻는 최상의 배려이다.

특히 요즘 같은 시대에는 가족 모두가 너무도 바쁘게 살다보니 서로의 얼굴을 보며 대화를 나누는 것이 사치스러운 생활이 되고 말았다. 아무리 바빠도 가족을 일순위로 놓고 생활해야 한다. 그렇게 보낸 시간이 가족을 더욱 사랑으로 묶어줄 것이다. 나도 시간이 한참 지난 후에야 가족의 소중함을 깨닫게 되었다. 그러니 얼마나 바보 같은가? 특히 배우자와의 관계에 소홀하면 많은 것을 잃게 된다.

- 서로 진심으로 사랑하기
- 상대방을 존경하기

- 마음으로 대화하기
- 상대방을 무한히 신뢰하기
- 항상 손잡고 다니기
- 나보다 상대방을 더 아끼기
- 상대방의 허물까지 품어주기
- 상대방에게 면도날 같은 말을 하여 상처 주지 않기
- 항상 공통의 관심사를 갖고 서로 상의하기
- 불편한 마음이 있을 때 혼자 담아두지 않기
- 상대방을 배려하여 한 걸음 물러서기
- 식사 시간에는 TV를 끄고 대화하며 식사하기
- 집에 불이 났을 때를 제외하고는 절대 큰소리 내지 않기
- 가사는 분담하여 서로의 짐을 덜어주기
- 항상 웃음이 그치지 않도록 집안 분위기를 명랑하게 이끌어가기
- 먼저 진심으로 사과하기
- 화를 다음 날까지 품고 가지 않기
- 항상 격려해주기
- 상대방 편이 되어주기
- 매일 하루에 한 번 이상 안아주기

그다지 힘이 들지도 않고 조금만 신경 쓰면 할 수 있는 것

들이다. 그간 배우자와 가깝다고 해서 오히려 무심하지는 않았는가. 이제는 사소한 것에 목숨을 걸어도 좋을 것 같다. 특히 사랑하는 가족에게!

이슬도 무거워지면 떨어진다

일본 에도 막부의 초대 쇼군이었던 도쿠가와 이에야스는 “풀잎 위의 새벽 이슬도 무거워지면 떨어지기 마련”이라고 말했다. 인생에 영원한 것은 없으므로 항상 겸손함을 유지하는 것이 무엇보다 중요하다는 말이다. 그러나 조직 생활을 하다보면 자신의 인격과 능력에 비해 지나치게 빠른 승진을 한 임원이 권위를 나타내기 위하여 인격적 무시와 과도한 지시로 직원들을 좌절에 빠뜨리는 모습을 종종 보게 된다. 이러한 현상이 일어나면 조직은 내부 분열과 편가르기로 인해 혼란에 빠질 수 있다.

삼국지에서 유비의 촉나라는 현재 관점에서 보면 아주 조그마한 벤처기업에 지나지 않으나, 조조의 위나라와 손권의 오나라는 대기업에 비교될 만큼 큰 규모를 가졌다. 그러나 유비는 조조에게는 없는 관우와 장비를 얻었다. 유비는 리더로서의 능력과 사람을 품고 이끄는 힘인 감성을 지니고 있었던 것이다. 그는 삼고초려를 통하여 당대 최고 전략가인 제갈공명까지 얻는 겸손함도 가지고 있었다.

일반적으로 CEO나 영업 담당 임원이 되면 자신의 능력과 인격으로 회사를 이끌어가려고 하지만, 한 사람의 머리보다는 두 사람의 머리가 낫고 두 사람의 머리보다는 다섯 사람의 머리가 더 낫다. 여러 인재들이 경영에 자발적으로 동참할 수 있는 환경을 만들어주고 그 안에서 자유롭게 토론하고 현안을 풀어나갈 수 있도록 권한을 위임하여 성장 기회를 제공한다면 회사는 한 방향으로 집중 성장할 수 있을 것이다.

가장 위험한 것은 일방적인 지시를 하는 것으로, 그러한 행동은 여러 인재들을 허수아비로 만들 수 있다. 어느 대기업을 보면 임원들 대부분이 해외 유학을 다녀온 석박사 출신들로 채워져 있는데, 경직된 분위기와 상명하복의 문화 때문에 정작 자신들의 능력은 10분의 1도 발휘하지 못하고 지시된 업무만을 수행한다. 고급 인재를 낭비하는 안타까운 현실이다.

리더의 인격만으로 조직을 이끌어가다보면 곧 한계에 봉

착하게 마련이다. 조직은 사교 집단이 아니며 이익 추구가 최우선이므로 강한 리더십과 명확한 지시와 과감한 결단이 필요하다. 소규모의 조직은 리더의 인격만으로 경영이 가능할지 모르나 큰 규모의 대기업을 이끌기에는 역부족이다. 구성원의 인격을 존중하면서 동시에 시스템으로 조직을 이끌어나가야 한다.

“시스템이 곧 보스”라는 내부 원칙을 명확하게 구축해놓으면 어떠한 상황에서도 시스템에 부합되는지를 기준으로 판단하게 된다. 만약 명확한 시스템이 없다면 상황에 따른 결정을 내려야 하기 때문에 조직 내부에서 혼란과 후유증이 끊이지 않을 것이며 소모성 업무에 발목 잡히고 말 것이다.

끝으로 겸손함을 빼놓을 수 없다. 인생에 영원한 것은 없다. 항상 주어진 직무에 최선을 다하면서 팀 전체를 아우르는 겸손함과 포용력이 필요한 시대임을 잊지 말자.

인격은 말로 표현된다

“말은 생각을 담는 그릇이다. 생각이 맑고 고요하면 말도 맑고 고요하게 나온다. 생각이 야비하거나 거칠면 말 또한 야비하고 거칠게 마련이다. 그가 하는 말로 그의 인품을 엿볼 수 있다. 그래서 말을 존재의 집이라 한다.”

생전에 법정 스님은 말의 중요성에 대하여 이렇게 말했다. 말은 우리가 어떻게 사용하느냐에 따라 신이 우리에게 준 가장 고귀한 선물이 될 수도 있고, 악마가 내린 최악의 형벌이 될 수도 있다. 말을 잘하는 것과 못하는 것의 기준을 이야기하는 것이 아니다. 비록 어눌하더라도 말에 애정과 사랑이 담겨 있다면 그 말은 한 방울의 꿀과 같아서 수천 마리의 벌들을 다가오게 만든다.

후배 중에 참으로 똑똑한 친구가 있다. 그런데 이 친구와 5분만 대화를 나누면 가시가 수천 개 날아와 온몸에 박히는 듯한 느낌을 갖게 된다. 그러다보니 그 친구와는 인간적인 대화를 하고 싶은 생각이 없어진다. 현대사회에서 살아가기 위해서는 말의 경쟁력과 가치를 과소평가해선 안 된다. 제아무리 똑똑해도 말이 가시 같다면 결코 성공할 수 없다.

매일 아침 치약을 칫솔에 짜서 이를 닦는데 치약이 생각보다 많이 나왔다고 그걸 다시 치약 통 속으로 집어넣을 수 있는가? 말 또한 마찬가지이다.

말을 할 때는 다음의 일곱 가지 원칙을 유념해야 한다.

첫째, 부드러운 톤으로 상대방을 편안하게 하라.

둘째, 항상 긍정적인 단어를 써라.

셋째, 절대로 남을 험담하지 마라.

넷째, 욕설이나 비속어를 사용하지 마라.

다섯째, 상대방의 말을 자르지 마라.

여섯째, 표정은 제2의 언어이므로 대화 중 밝은 미소를 지어라.

일곱째, 상대방을 칭찬하라.

행복한 인생을 위해선 자동차로 어디를 가는가보다 누구

를 태우느냐가 더 중요하다. 기분 좋은 대화는 좋은 인연으로 이어지고, 인연은 곧 성공을 불러온다. 좋은 인연은 인격적 만남이 기반이 되어야 한다. 직장 내에서도 인격적 만남이 이루어져야 진정한 비전을 만들어갈 수 있고, 부부간에도 인격적 결합이 이루어져야 진정한 가정을 꾸려갈 수 있다. 진정한 우정도 인격적 만남이 싹을 틔운 후에야 가능하다. 인격적 만남의 중심에 바로 말이 있다. 말은 삶의 생명수이면서 무서운 독이 되기도 한다는 사실을 잊지 말아야 한다.

영향력의 중심에 서라

나이를 먹는다는 것은 그만큼 누군가에게 영향력을 미친다는 것이다. 부모, 아내, 자녀 그리고 직장 동료, 친구, 사회생활을 통해 알게 된 사람, 지역사회에서 친분을 맺은 사람 등에게 말이다. 영향력을 미친다는 것은 말과 행동에 그만큼 책임감과 신중함이 필요하다는 뜻이기도 하다. 그 영향력의 중심에 자신이 서 있다고 생각해보라. 대충 살 수 있겠는가? 그냥 막 산다면 브레이크 고장으로 가파른 경사로를 시속 100킬로미터 이상 내달리는 폭주 자동차와 무엇이 다르겠는가?

아침이 되면 누구나 잠에서 깨어난다. 아침을 기분 좋고 행복하게 맞이할지, 기분 나쁘고 짜증스럽게 맞이할지는 온전히 자신의 선택에 달려 있다. 우리는 긍정의 영향력을 끼칠 수도 있고 부정의 영향력을 끼칠 수도 있는데, 항상 긍정의 영향력에 초점을 맞추어야 한다.

삶 자체가 치열한 전쟁이다. 전쟁을 하는 사람들에게는 정신적인 쉼터가 필요하다. 당신이 바로 쉼터 역할을 해주어야 한다. 가족 내에서, 직장 내에서, 지인들 사이에서 당신이 긍정의 쉼터 역할을 해야 한다. 내가 아는 중국 찻집은 40대 중반의 남성 사장이 운영하는데 손님이 가면 원하는 차를 제공하는 단순한 찻집이 아니라, 주인이 마주 앉아 차를 우려주면 조용히 그 차를 받아 마시며 주인과 편안한 대화를 나누는 그런 찻집이다.

다양한 손님들이 오지만 주인의 대화는 언제나 튀지 않는다. 조용히 손님의 말을 경청하고 고개를 끄덕이고 공감하며 희로애락을 들어주는 것이다. 그렇게 차를 마신 손님이 너무도 밝은 표정으로 찻집을 나가는 것을 보면서 우리의 삶에는 마음을 다독거리고 안아주는 오아시스가 반드시 필요하다는 생각을 하게 되었다. 이와 같이 영향력은 큰 권력을 가진 또는 학식과 사회적 위치가 높은 사람들만 발휘하는 것이 아니다. 누구나 자신만의 긍정적 영향력으로 만나는 사람들을 행복하게 만들어줄 수 있다.

나이가 들어서 어른이 아니라, 후배들에게 긍정의 영향력을 발휘하기 때문에 어른이 되는 것이다. 요즘은 100세 시대 이다보니 50~60대도 노인이 아니라 중장년층이라고 해야 한다. 이럴 때일수록 더욱 내면의 세계를 성숙시킬 필요가 있다.

긍정의 영향력을 지닌 사람이 되려면 그만큼 인내와 고난을 이겨낸 인생을 살아야 한다. 중도에 자포자기하거나 자신을 내팽개치듯 살아온 사람은 결코 타인의 아픔을 감싸줄 수 없다. 자신의 아픔을 이겨낸 사람만이 타인의 아픔도 이해할 수 있는 것이다.

우리는 혼자서 모든 것을 감당하려 할 때 얼마나 힘든지 안다. 그럴 때 누군가가 나를 살짝 밀어주거나, 도와주거나, 마음을 알아주거나, 손을 내밀어주면 천군만마를 얻은 것처럼 힘이 난다.

3W에 처음 도전하는 후배들을 보면 자발적인 노력으로 50주, 100주 이상을 하는 후배들은 거의 없다. 처음 입사해서 3W의 중요성과 3W를 달성하기 위해 어떠한 노력을 기울여야 하는지 등을 배운 후에야 비로소 3W에 도전한다. 이때 가장 중요한 역할을 하는 조력자가 바로 지점장과 담당 매니저이다. 만약 이들이 옆에 없다면 대부분 10주까지 달성한 후 적당히 스스로에게 변명하고 중도 포기를 할 것이

다. 그러나 옆에서 응원하고 지원하고 채찍질하고 같이 뛰어주는 조력자가 있다면 3W를 이어갈 수 있다.

그다음으로 중요한 조력자는 선배들이다. 앞서서 길을 걷고 있는 선배들의 말 한 마디와 격려가 중도 포기를 하려 했던 후배에게 엄청난 힘을 줄 수도 있다. 혼자 3W를 해나가는 것이 아니라 모임을 조직하여 동료, 선배들과 정기적인 모임을 갖고 세미나나 토론회를 개최하는 것도 효과적이다. 어려웠던 점이나 성공 사례 등을 공유하면서 위안을 얻고 힘을 내는 긍정의 모임에 참가하는 것은 너무도 중요하다.

마지막으로 가장 중요한 지원군은 가족이다. 가족에게 자신의 3W 달성 목표를 알린 다음, 매주 가족의 응원을 통하여 함께 헤쳐나가는 것이다. 가족을 분리해 생각하지 마라. 가족은 당신의 분신이다. 이들의 정성 어린 지원이 없다면 지금의 당신도 없다. 50주, 100주, 150주, 200주 이상 3W를 달성할 때마다 가족과 함께 멋진 파티를 즐겨라. 당신과 당신의 가족은 충분히 즐길 만한 자격이 있다.

그 영향력의 중심은 바로 당신임을 잊지 마라. 종소리가 더 멀리 아름답게 울려 퍼지려면 종은 그만큼 더 아파야 한다. 성공을 간절히 열망하는 신입 후배는 지금 당신의 길을 보고 성장하고 있음을 기억하라.

PART 7

비전이 방향을 제시한다

팀보다 위대한 선수는 없다

영국 맨체스터 유나이티드의 알렉스 퍼거슨 감독은 축구 감독으로서뿐만 아니라 리더로서도 전 세계의 주목을 받고 있다. 그가 항상 강조하는 말은 "팀보다 위대한 선수는 없다"는 것이다. 이 말에는 많은 의미가 함축되어 있다. 감독은 팀의 승리를 위해서 존재하는 것이고, 팀의 승리를 위해 선수들은 반드시 감독의 전략과 전술을 따라야 한다는 것이다. 감독인 자신은 팀의 모든 결과에 대하여 전적으로 책임을 지겠다는 뜻이기도 하다.

퍼거슨 감독은 자신의 전술을 받아들이지 않는 선수는 고액 연봉을 받는 최고의 선수일지라도 과감히 팀에서 방출시키거나 벤치 신세를 지도록 했다. 우리가 잘 아는 세계적인 축구 스타인 데이비드 베컴과 5년 동안 150골을 득점한 스타 뤼트 판 니스텔로이도 벤치 신세 후 다른 팀으로 이적되었다. 오직 팀을 통해서만 선수는 능력을 발휘할 수 있고, 팀 정신을 해치는 모든 것은 적이기 때문이다.

그 결과 세계적 기량을 가진 선수들은 팀을 위하여 일사불란하게 움직였고 맨체스터 유나이티드는 퍼거슨 감독의 지휘하에서 26년 동안 프리미어리그 우승 13회, 잉글랜드 FA컵 우승 5회, 유럽축구연맹 챔피언스리그 우승 2회 등 총 38회에 걸쳐 트로피를 높이 들어올렸다.

맨체스터 유나이티드에 취임한 퍼거슨 감독의 첫 일성은 "연습 기간 중 누구도 술을 마시지 못한다"는 것이었다. 이에 술을 좋아했던 두 선수는 술을 자유롭게 마실 수 있는 곳으로 옮겨가기도 했다. 대신 퍼거슨은 어린 유망주에 주목했다. 퍼거슨을 대신해 유소년 스카우트 담당자 17명이 영국 전역, 유럽 각지, 나중에는 전 세계를 돌면서 팀의 자원이 될 유망주와 아직 레이더망에 포착되지 않은 선수들까지 발굴하는 리빌딩을 쉬지 않고 진행했다.

맨체스터 유나이티드의 명품 전통은 하프타임과 경기 종료 순간에도 여지없이 드러났다. 대부분의 선수들은 교체되고 나면 라커룸에서 쉬는데 유독 맨체스터 유나이티드 선수들은 경기 종료 후나, 교체 후에도 그라운드에 남아 트레이너의 주문에 따라 스트레칭과 러닝을 하며 몸을 푼다. 이것이 바로 이 팀의 승리를 이끄는 정신인 것이다.

퍼거슨 감독은 승리의 99퍼센트는 선수가 만든다고 말한다. 나머지 1퍼센트는 감독이 담당하는데 감독이 없다면 100퍼센트가 완성될 수 없다는 지론을 가지고 있다. 보통 감독이라면 성공을 거둔 시스템에 만족하고 이를 강화하려고 노력할 것이다. 그것만으로도 2~3년은 거뜬하게 상위권 성적을 유지할 수 있기 때문이다. 그러나 퍼거슨은 98~99년 시즌이 끝난 후 기존의 4-4-2 포지션을 버리고 새로운 4-2-3-1 전술로 바꾸기 시작했다. 결과는 대성공이어서, 맨체스터 유나이티드는 그해 리그 우승과 FA컵 우승까지 차지하였다.

퍼거슨의 비전은 거기서 그치지 않았다. 그는 항상 2퍼센트 부족한 부분에 집중했다. 유망한 청년 루니와 호날두를 영입하면서 최강의 미드필더진을 구축하는 동시에 어리고 재능 있는 선수들을 영입해 맨체스터 유나이티드의 '미래'를 만들기 시작했다. 퍼거슨은 이처럼 미래 경영으로 향후 5~10년을 바라보는 축구를 운영하였다.

미래 경영은 젊은 피를 수혈하는 축구에만 국한된 것이 아니다. 조직에 미래를 이끌어갈 젊은 인재를 꾸준히 육성시킬 시스템이 없다면 그 조직은 미래가 없는 것과도 같다. 성공한 조직에는 언제나 탄탄한 성공 문화와 강한 규범이 있으며, 미래의 젊은 리더들을 키우기 위해 용광로를 지속적으로 가동한다.

최고의 회사에는 강한 문화가 있다

150년 이상 존경받는 세계적인 기업들은 대부분 조직 내부에 고유의 기업 문화가 녹아들어 있다. 기업 문화는 해를 거듭하면 할수록 조직의 철학으로 자리 잡아 그 기업의 정체성을 정립하는 역할을 하며 조직원의 길잡이가 되어준다. 이러한 기업 문화는 그 자체로도 경쟁력이 되고, 세계 최고의 기업 문화를 가진 것을 자랑스럽게 생각하는 직원들에 의해서 더욱 발전되며, 기업의 위기 극복에 유감없이 능력을 발휘하기도 한다.

1990년대에 한국 푸르덴셜생명에 스카우트되어 창업 멤버로 일할 때 나는 여러 가지 문화적 충격을 경험했다. 지금은 당연한 것이지만, 당시만 하더라도 국내 보험사에서만 근무했던 내게는 적잖은 충격이었다.

1991년 처음으로 보험 영업을 준비하기 위하여 회사 내 여러 부문에서 준비 작업이 한창이었을 때, 컴퓨터에 장착할 테이프 롤을 미국 본사로부터 들여오게 되었다. 당시만 해도 이 부문에 얼마의 관세를 물어야 하는지조차 정해지지 않았던 탓에 통관 시 일반적인 물품이라고 해도 전혀 문제가 되지 않았다. 그러나 회사가 컴퓨터 프로그램에 쓸 테이프 롤이라고 보고를 하면서 통관 세금이 얼마나 되는지 알려달라고 정식 공문을 보내 수백만 원의 세금을 내는 것을 보고 당시에는 전혀 이해를 못했다.

시간이 흘러 회사의 윤리 강령과 글로벌 기업으로서의 윤리 규정 및 행동 지침 등을 몸에 익히면서 이 회사가 왜 세계적인 기업이 되었는지를 이해하게 되었다. 직원은 회사를 대표하며, 회사의 전문성과 윤리성 또한 대표한다는 것을 몸으로 느끼게 되었다.

그로부터 얼마 후 한국 보험시장에서 푸르덴셜생명의 보험 상품을 판매하는 영업 개시일이 다가왔다. 초기 보험 영업의 질을 담보하기 위해 단 4개 지점만을 오픈하였고 지점장과 매니저를 포함해 초창기 세일즈 멤버로 비보험 경력자 16명만을 선발하여 1년간 엄청난 교육을 시켰다. 1인당 1억

원 이상의 교육비를 투자했다. 당시 이렇게 막대한 교육비를 16명만을 위해 투자한다는 것은 동종 업계에서 미친 짓으로 여겨졌다.

이러한 엄청난 지원과 교육을 통하여 첫 영업이 시작되었고 모든 것이 순조롭게 진행되었다. 그러나 영업 시작 6개월 정도 지났을 때 한 지점에서 문제가 발생했다. 고지 내용을 잘못 기재하여 계약자의 사인을 다시 받아 와야 하는데, 월말 마감이라 바쁘다보니 지점장과 매니저의 묵인하에 라이프플래너가 계약자 사인을 대신한 것이다. 계약은 적법했으나, 계약 내용 수정 시에는 반드시 계약자 본인의 사인을 받아야 한다는 규정을 담당 매니저가 간과한 것이었다. 결국 본사 계약 심사 부서에서 라이프플래너가 계약자 대신 사인한 것을 발견하게 되었고, 이 사안에 대하여 윤리 심의가 열렸다.

당시에 한국 생명보험업계에서는 이 정도 일이 윤리위원회를 열 만큼 심각한 사안은 아니었다. 지금은 물론 한국 회사들도 많이 바뀌었지만 26년 전만 해도 그런 일들에 관대했다. 결국 1년 동안 고액을 투자해 전문가 교육을 시킨 지점장과 매니저 그리고 담당 라이프플래너를 전부 해고하는 결정이 내려졌다.

이러한 결정을 내리는 회사를 보면서 한국적 사고를 가진 직원들은 이해하지 못했으나, 이 일은 그 후 회사가 국내 최고의 윤리적인 보험사로 거듭나는 계기가 되었다. 이 일이 있은 후 직원들 사이에서 강한 윤리 규정과 고객 중심의 문화를 가진 회사에서 근무한다는 자부심이 높아졌을 뿐만 아니라, 스스로 이러한 문화를 지키고자 노력하는 모습들을 보게 되었다.

또 하나의 세계적인 기업 문화로 메트라이프생명의 문화를 들 수 있다. 이 회사 역시 윤리 경영 부문에서 둘째 가라면 서러울 회사이다. 초창기에 한국 보험회사에서 영입된 임원 한 분이 이 회사의 문화를 이해하지 못한 상황에서 외부 인사에게 식사를 접대해야 하는 일이 있었다. 이 임원은 국내 회사에서 근무했던 경험을 바탕으로 아주 좋은 식당에서 식사를 대접하고 2차로 고급 술집에서 술을 대접했는데, 그 결과 상당한 경비가 들었다.

이 임원은 다음 날 회사에 비용을 청구하였으나 회사로부터 결재 불가 통보를 받았다. 당황한 임원은 회사를 위해 한 일인데 왜 결재가 안 되느냐고 강하게 항의하였으나, 메트라이프는 1998년부터 1인당 접대 비용을 최소의 금액으로 제한해놓은 상태라서 그 이상의 금액은 어느 누구도 집행할 수 없었다. 최소 경비 이상을 초과하여 지출하게 되면 본사 윤리 규정상 비공식적인 접대로 간주하여 뇌물로 처리되었다. 이 임원은 꼼짝없이 월급의 절반 가까운 돈을 직접 낼 수밖에 없었다.

메트라이프생명의 또 다른 문화적 강점 중 하나는, 입사한 사람을 우정으로 품는 문화이다. 출신 성분이 어떤지, 학벌이 어떤지, 어느 지역 출신인지에 전혀 상관없이 능력과 열정을 지닌 인재라면 메트라이프의 문화에 바로 동화시키는 '인재를 품는 문화'를 가지고 있다. 이러한 문화는 결국 팀워크로 발전하게 되며, 기업의 정신적 기둥 역할을 하는 무형의 자산으로 발전하게 된다.

세계 최고 회사의 핵심 가치

실패한 조직의 리더는 실패의 원인을 외부로만 돌리고 정작 자신의 부족함에 대해서는 매우 관대하며, 조직을 성장시키기 위하여 더욱 많은 투자와 시간이 필요하다고 변명한다. 이러한 리더에게 시간을 더 준다고 해도 달라진 결과는 기대하기 힘들다. 외부 환경은 시시각각으로 변화하고 있는데 정작 리더 자신은 조금도 변화하지 않고 예전 방식 그대로를 답습한다면 무슨 소용이 있겠는가?

리더는 항상 외부 환경의 변화에 민감하게 대응하며 내부 요인에 모든 역량을 집결시켜 문제에 '선제적 대응'을 하는 추진력과 집중력이 필요하다. 리더는 어떠한 조직으로 발전시킬 것인가를 항상 고민하고 큰 그림을 그려야 한다. 리더의 머릿속에 조직의 미래가 선명하게 그려져 있다면 그 조직은 어떠한 어려움이 다가오더라도 흔들림 없이 굳건하게 나아갈 수 있다.

조직을 살리는 리더가 되기 위해선 네 가지 조건이 선행되어야 한다.

첫째, 선명한 비전을 제시해야 한다. 변화에 둔감한 조직은 지금까지 해왔던 매니지먼트에만 치중한다. 그러다보니 큰 그림을 그릴 수 없고, 향후 다가올 리스크에 대비하여 무엇을 준비해야 할지도 모르며 과거 해왔던 일에 매달려 보고서를 만드는 일에만 급급하게 된다.

그러나 리더가 명확한 비전을 가진 조직은 항상 새로운 변화를 추구하며, 조직이 원하는 방향으로 움직이도록 끊임없이 동기를 부여한다. 이러한 지속적인 변화와 동기 부여는 조직을 현재에 머무르지 않게 하며, 한 단계 한 단계 프로젝트를 성공시킬 때마다 조직의 내성이 강해진다. 조직원들 또한 더 이상 새로운 변화를 두려워하거나 안주하지 않게 되며, 그 같은 행동이 얼마나 어리석은지 스스로 깨닫게 된다.

둘째, 동기 부여가 이루어져야 한다. 리더는 다른 사람들의 잠재적 능력을 볼 수 있어야 하고 이를 개발할 수 있어야 한다. 하지만 조직이 거대해지면 기득권층이 자리 잡게 되어 새로운 후배들을 성장시키기에 대단히 어려운 환경이 된다.

그러한 조직은 항상 해왔던 일만 하고, 새로운 변화를 위한 시도는 대단히 위험한 일로 치부하는 풍조가 내부에 만연하게 된다. 그 결과 조직 전체가 무거운 암 덩어리처럼 뭉쳐버리게 된다. 가장 큰 문제는 리더조차도 무엇이 문제인지 모르고 있을 때 발생한다. 조직을 성장시키기 위해서는 '무엇 때문'이 아니라 '무엇임에도 불구하고'라는 사고방식을 바탕으로 혁신을 도모해야 한다.

이러한 사고의 혁신을 이루기 위해서는 많은 시간과 노력이 필요한데, 가장 중요한 것은 이러한 일의 주체는 결국 사람이라는 것이다. 이 일을 담당할 적임자를 선정하여 맡긴다면 엄청난 시간과 노력을 들여야 하는 조직 내부의 모든 저항 비용을 낮출 수 있다. 리더에겐 올바른 인재를 발굴하여 그들의 잠재력을 파악할 수 있는 능력이 필요하며, 동기 부여를 통해 그러한 인재를 지속적으로 성장시켜야 한다.

셋째, 핵심 가치 정립을 통하여 일의 기준점을 조직 내에 확실히 공유하여야 한다. 성장하는 조직은 조직의 핵심 가치가 무엇인지를 정확하게 알고 있다. 그렇지 않은 조직을 보면 핵심 가치는 단지 슬로건에 불과하고 모든 것이 그때그때 상황에 따라 정해진다. 이러다보니 조직 내부에서도 회사의 핵심 가치에 반하는 일을 행할 때 죄의식 없이 수단과 방법을 따지지 않고 추진하게 된다. 회사의 핵심 가치에 내부적으로 문제가 생겨도 다음에는 주의하라는 정도의 메시지로 마무리될 경우 이 회사는 절대 세계적인 회사로 성장하기 어렵다.

회사의 핵심 가치는 회사의 심장과도 같기 때문에 누구도 예외가 될 수 없다는 것이 불문율이다. 회사의 핵심 가치를 지키는 것이 바로 회사를 지키는 것이라고 느낄 정도로 모든 조직원이 핵심 가치를 따르게 만들어야 한다. 이러한 시스템이 구축되지 않으면 회사는 항상 2류, 3류에 머물게 되며, 조직원들은 문제가 닥쳤을 때 편법으로 해결하려 하게 된다. 이 같은 행동이 만연하면 회사는 더 이상 성장할 수 없다.

넷째, 새로운 리더 양성 시스템을 구축해야 한다. 모든 조직은 그 사람이 아니면 안 된다는 망상에서 자유로워져야 한다. 인류는 항상 진화와 발전을 거듭해왔다. 시대에 맞는 인물을 적재적소에 선발하여 새로운 방향으로 조직을 이끌어 나가는 것이 중요하다.

시장은 항상 요동치고 변화하기 때문에 차세대 인재 선발 시스템을 구축해놓지 않을 경우 조직은 활력을 잃고 썩게 된다. 최고의 리더 한 명을 육성하는 것이 회사에 수천억 원의 자금을 투자하는 것보다도 더 중요하다. 현재의 리더보다 더 출중한 제2선의 리더가 있는 조직은 더욱 발전할 수 있지만, 제2선의 리더가 준비되어 있지 않은 조직은 내리막길을 걷게 된다. 리더는 더 큰 비전을 위하여 제2선의 리더를 육성하고 발전시킬 의무와 책임이 있다는 것을 명심하라!

비전이 없다면 썩은 사과와 같다

살아 있는 모든 것은 땅을 뚫고 나오는 반면에 죽은 씨앗은 땅속에서 나오지 못한다. 노인들만 있는 곳에 가서 이야기를 들어보면 항상 어디가 아프다, 어떤 약이 잘 듣더라 등의 이야기밖에 하지 않는다. 나이 들어 노인이 아니라 노인처럼 행동하니까 노인이 되는 것 같다.

최근 젊은 후배들을 보면서도 꿈과 비전의 크기가 큰 친구들은 눈빛과 생각부터 다르다는 것을 실감하게 된다. 성공한 선배들을 찾아서 한 가지라도 더 배우고자 하는 열정이 대단한 친구들이 있는 반면에, 적당히 인생을 즐기면서 최근 세계적 추세인 욜로(YOLO)에 편승해 "인생은 한 번뿐"이라며 자기합리화를 하는 친구들도 있다. 욜로 분위기가 나쁘다는 뜻이 아니라 인생을 대하는 태도가 좀 더 성숙해야 한다는 의미이다.

회사를 그만두고 세계일주를 떠나기도 하고, 집을 사기 위해 돈을 모으기보다는 그 돈으로 외제 차를 리스로 구입하고 좋은 음식과 옷에 투자한다. 이러한 선택이 잘못되었다고 말할 수는 없다. 그러나 반드시 알아두어야 할 것은 준비 없는 미래는 신기루일 뿐이고, 미래는 절대로 관대하지 않다는 것이다.

적어도 인생은 한 번뿐이라고 말할 수 있기 위해서는 매일을 치열하게 살아야 한다. 그렇지 않고 분위기에 편승하여 현재의 시간을 탕진한다면 미래에는 깡통만 놓이게 된다는 것을 명심하라.

티끌 모아 태산이라는 말은 진리이다. 티끌은 티끌일 뿐이라 생각하고 있는 돈을 다 쓰다보면 나중에는 마이너스 인생으로 연명하게 된다. 돈을 들여 무조건 해외 여행을 다녀야만 멋진 인생이 되는 것은 아니다. 좋은 사람과 저녁에 산책을 하며 커피 한 잔을 나눠 마시면서 맑은 공기를 마시고 인생에 대해 대화를 나누는 매일의 작은 행복이 오히려 더욱 뜻깊다.

좋은 옷과 좋은 차와 좋은 음식은 자신의 상황과 형편에 맞을 때 어울리는 것이다. 젊었을 때는 청바지에 티셔츠 한 장만 걸쳐도 그 자체로 모든 것이 예쁘고 멋있다. 좋은 외제차는 돈 벌어서 얼마든지 살 수 있다. 주머니에 잔고도 없는데 리스로 차를 뽑아서 타다보면 차의 노예가 되어서 차에 목줄이 매달려 끌려 다니는 고통을 경험하게 될 것이다.

미래는 고통 이후에 오는 것이다. 당신이 내일 당장 인생을 마감하기로 작정했다면 '욜로'를 부르짖으며 살아도 괜찮다. 그러나 진정한 욜로는 고통과 인내와 미래의 비전을 품을 때만 가치있는 것이다. 꽃이 떨어져야만 열매를 맺을 수 있음을 명심하라!

문제 없는 조직은 죽은 조직이다

어느 가정이든, 또는 어느 조직이든 문제가 없는 곳은 없다. 그러나 문제가 있다는 것이 문제가 아니라 그 문제를 어떻게 해결해갈 것인가가 중요하다. 인간의 구성체인 조직은 살아 있는 생물체와도 같아서 살아가는 동안 크고 작은 문제가 발생하게 마련이다. 이러한 현상은 지극히 자연스러운 것이다. 리더는 언제든 문제가 발생할 수 있음을 인정하고 모든 리스크를 포함한 시뮬레이션을 통해 사고 예방에 힘써야 한다.

가장 어리석은 조직은 동일한 리스크가 지속적으로 반복하는데도 불구하고 타성에 젖어 그것이 위험 예고인지도 모르고 있다가 최악의 사태를 맞이하는 조직이다. 당뇨병과 고혈압 환자 가족을 둔 사람에겐 당뇨병과 고혈압이 있을 확률이 높다. 가족력 때문이기도 하지만 태어나서 한 가족으로 먹고 자면서 생활 습관이 비슷해지기 때문이기도 하다. 자연스럽게 짜고 맵고 자극적인 음식에 길들여지게 되며, 야식과 과식의 반복으로 인하여 비만 확률이 높아짐으로써 당뇨와 고혈압의 위험에 노출되는 것이다. 이러한 위험 인자에서 벗어나기 위해서는 생활 습관을 전면적으로 바꾸어야 한다. 그렇지 않으면 결국은 가족력의 위험군에 똑같이 속할 수밖에 없다.

조직 또한 마찬가지이다. 만약 영업 직원들의 근태가 불량하고 활동 또한 부진하여 의미 있는 활동량이 극히 적다면, 매월 영업 실적이 하강 국면에 이를 것이다. 그러나 부진의 이유를 영업 환경과 경제 환경에서 찾는다면 그 조직은 3~4개월 안에 경쟁 대열에서 도태되고 말 것이다

일단 문제가 발생하면 그 문제가 단발성의 문제인지, 아니면 지속적으로 일어나는 문제인지 정확하게 파악해야 한다. 또한 개인에게만 일어나는 문제인지, 아니면 조직 전체에 일어나는 문제인지도 점검해야 한다. 대부분의 문제는 처음에는 개인에게서 단순 발생하나 그 문제가 지속되면서 조직 전체로 영향력이 미치는 치명적인 부작용이 발생할 수 있으므

로 사전에 철저히 파악하여 조치를 취해야 한다.

예를 들면 평상시에 영업 실적이 그다지 높지 않은 직원이 어느 날 갑자기 활동량에 비하여 과도하게 높은 영업 실적을 올리기 시작한다면 현상의 원인을 정확하게 파악해야 한다. 그렇지 않고 결과만 보고 잘한다고 칭찬만 하다가는 나중에 대단히 심각한 리스크를 안게 될 수 있다. 세일즈의 결과는 자신의 영업 지식과 활동량과 만나는 고객 수에 비례해서 나오는 가장 정직한 수치이므로 활동량과 지식의 수준 이상으로 과도한 영업 실적이 나왔다면 잠시 운이 좋았거나 좋은 고객이 도와준 결과일 뿐이다.

세일즈는 정직이 최우선이 되어야 한다. 그렇지 않을 경우 결국은 그 일에 연관된 모든 조직원들이 함께 죽는다. 세일즈맨은 회사를 대신하여 상품을 판매하는 사람이므로 그 누구보다도 정직하고 신뢰도가 높아야만 한다. 세일즈맨의 수준이 바로 그 회사의 수준이기에 세일즈맨의 교육과 자질 계발은 너무나도 중요하다. 그와 더불어 문제에 대처하는 시스템 또한 중요하다.

문제 대처 시스템의 세 가지 원칙을 요약하면 다음과 같다.

첫째, 원인 없는 결과는 없다는 것을 명심하라. 지각 단층들이 충돌하면서 고여 있던 마그마가 폭발해 지진이 발생하고 화산이 분출하는 것처럼, 조직 내부에서 발생하는 문제에는 반드시 원인이 있다.

최근 조직 내부에서 벌어지는 여직원들에 대한 성희롱 문제가 뉴스에 보도되는 것을 보게 된다. 이러한 문제가 발생하게 되면 회사 내부의 모든 조직이 경직되며, 회사 사기가 땅에 떨어지게 되므로 사전 예방을 철저히 하는 것이 중요하다.

둘째, 일단 문제가 발생하면 그 문제를 반드시 테이블 위에 올려놓고 공론화하라. 문제를 대수롭지 않게 생각하고 그냥 지나치면 양탄자 위에 먼지가 쌓이듯이 문제가 쌓여 암적인 요인으로 자라나게 된다. 문제를 즉시 회의 테이블 위에 올려놓고 다시는 동일한 리스크가 발생하지 않도록 공론화하고 대책을 내놓아야 한다. 조직원들에게 일련의 리스크 대처에 대한 리더들의 명확한 행동을 보여주지 않으면 동일한 리스크는 계속해서 나올 것이고 그렇게 될 경우 조직의 기반까지 흔들리게 될 것이다.

셋째, 경영은 숫자로 냉철하게 하라. 리스크 발생은 즉시 회사의 부실로 이어지게 된다. 리스크가 빈번하게 발생하는데 감성적으로만 대처할 경우 전체 조직의 부실화로 이어지게 되므로 반드시 지표로 관리하며 담당자들에게 부실에 대한 책임을 명확하게 물어야 한다. 리스크를 일순위로 놓고 회사를 경영하는 업종이 바로 보험업인데 보험회사가 리스크 관리에 실패해 손실이 발생한다면 그것은 곧바로 모든 고객들에 대한 피해로 이어질 것이다.

세일즈맨들이 모집한 계약이 1년이 채 안 되어 유지율 50퍼센트를 상회하거나, 민원이 과도하게 폭증하거나, 부실 계약으로 인한 보험금 지급 사건이 과도하게 발생하면 그 회사는 경영적으로 치명적인 문제에 직면하게 된다. 일 년에 한 번씩 건강 검진을 하면 모든 숫자가 나의 현재와 미래의 건강 상태를 나타내듯이, 조직 내에서 나오는 경영 숫자는 조직의 건강 상태를 나타내는 바로미터라는 것을 잊지 마라!

경쟁력은 세상을 움직이는 힘

1985년에 개봉하여 히트했던 로버트 저메키스 감독의 영화 〈백 투 더 퓨처〉는 당시에는 단순한 공상과학 영화로 취급받았다. 그 영화를 보았던 어느 누구도 영화 속 하늘을 나는 자동차가 곧 개발될 것이라고 생각하지 않았다.

그러나 이러한 자동차는 이미 현실화되고 있으며, 테슬라의 창업자 일론 머스크는 시속 1300킬로미터를 단 16분 내에 주파할 수 있는 하이퍼루프에 대한 아이디어를 공개하여 전 세계 업체가 하이퍼루프 개발에 나서고 있을 정도다.

또한 드론은 이제는 상용화를 넘어 우리의 일상생활에서 꼭 필요한 물건으로 자리 잡고 있다. 일례로 아마존은 달리는 기차에서 배송지로 드론을 띄우는 배송법을 이미 특허 신청해놓은 상태이다. 즉 달리는 기차를 배송 플랫폼으로 삼아 어디든 드론으로 배송하는 것이다.

최근 오픈한 대형 복합 쇼핑몰에서 임원들의 워크숍을 개최한 적이 있다. 변화하는 트렌드를 경험하고 새로운 각도에서 경쟁력을 추구하자는 취지였다. 그곳에서 반나절 정도 회의와 체험을 하면서 변화하는 유통 구조와 마켓 전략을 느낄 수 있었다.

특히 인상 깊었던 점은 가상현실 증강 체험이었다. 말로만 듣던 가상현실 증강 체험을 직접 하기 위하여 줄을 서고 있었는데, 전날 술을 마셨다면 이 가상현실 증강 체험에 참가하지 말아달라는 안내 멘트가 들렸다. 내 차례가 되어 머리에 가상현실 기기를 쓰고 장치에 올라가자 내 눈앞에 상상할 수 없었던 가상현실 장면이 생생하게 펼쳐졌다. 내가 10년 전에 얼떨결에 타본 고속 열차 놀이 기구에 올라타서 정점을 향하여 올라가고 있는 것이 아닌가?

'설마 내가 10년 전에 느꼈던 공포스러운 속도감을 실제로 느끼기야 하겠어'라고 마음을 다스리며 나는 호기심 반, 공포심 반으로 내 눈앞에 펼쳐지는 가상현실에 점점 빠져들었다. 그런데 최고 지점에서 낙하 지점으로 쏜살같이 떨어지는 충격은 직접 고속 열차 놀이 기구를 탈 때와 똑같았다. 실제로 내가 지금 현장에서 고속 열차를 타고 있는 듯했다.

그 3분 정도의 가상현실 시간이 내게는 30분 정도로 느껴질 정도였으며, 기구에서 내려온 나는 제대로 걷지도 못할 정도로 다리가 후들거렸다. 그 이후 3일간은 속이 메스꺼울 정도의 멀미를 느꼈지만 어쨌든 가상현실은 이미 우리의 현실 속으로 들어와 있음을 실감할 수 있었다. 이와 같이 모든 분야는 보이지 않는 미래를 현실로 바라보는 창조적 경쟁력을 가진 리더들에 의하여 선도되고 있다.

보이지 않지만 보이게끔 만드는 힘이 바로 세상을 움직이는 힘이다. 과거부터 현재까지 변함없는 매출액 규모에만 안주하여 새로운 생태계의 변화를 주도하는 리더의 자리를 빼앗긴다면 당신의 조직은 앞으로 2~3년 내에 시장에서 사라지는 운명을 맞이하게 될 것이다.

제약회사나 제조업체나 보험회사나 식품 유통가공회사가 신상품 개발에 사활을 거는 이유는 바로 시장의 선두 자리를 지키기 위함이다. 또한 의료계, 전자업계, 통신업계, 프로 축구 구단 등이 공격 전술 개발 및 인재 육성과 스카우트 등에 모든 노력을 아끼지 않는 것 또한 1위의 자리를 지키기 위함이다.

선두 자리를 내어주는 순간 영원한 2위로 추락하게 되며,

2위는 곧 꼴찌와 다를 바 없기 때문이다. 2위가 되는 순간 당신의 조직은 모든 것을 잃게 된다. 최고의 인재도, 시장도, 비전도 잃게 되는 것이다.

유럽 프리미어리그에서 뛰는 프로 축구 선수들 중에서 주전 멤버에 들지 못하고 벤치에만 앉아 있는 후보 선수라면 아무리 프리미어리그 선수 명단에 오를지라도 시장에서의 경쟁력은 뒤처질 수밖에 없다. 결국 세상의 모든 부와 명예는 화려한 1부 리그에서 뛰는 주전 선수들의 몫이 되는 것이다.

에필로그

다시 인생의 좌표를 향하여

이 책의 첫머리에서도 언급하였듯이 보험업계에서 33년 동안 세일즈 한 분야만을 지켜올 수 있었던 것은 내게 개인적으로 큰 축복이었다.

지난 33년은 나 자신이 지금 어디에 있고, 어디로 가고 있으며, 누구와 가고 있는가를 항상 생각하게 해주었던 귀중한 시간의 연속이었다. 이제 그 33년의 시간을 바탕으로 앞으로 다가올 미래의 시간을 겸허히 준비하고자 한다.

인류의 역사는 지속적인 변화의 역사였고, 변화하지 않으면 변화당하는 시간의 연속이었다. 변화하지 않는 조직은 생존할 수 없다. 살아남기 위해 변화하라!

징검다리를 건널 때 물에 빠지지 않기 위하여 잔뜩 긴장하며 돌 하나 하나를 건너듯이, 긴장감을 갖고 살아가지 않는다면 그 어려운 인생의 다리를 어떻게 건널 수 있겠는가? 매 시간마다 거룩한 긴장의 끈을 놓지 않고 항상 자기 자신을 갈고닦으면서 준비하는 삶을 살기를 소원한다.

안정을 바란다는 것은 두렵다는 말의 또 다른 표현이다. 다가오는 미래를 두려워하지 마라. 이 또한 내게 새로운 기회의 시간이 될 것이라 굳게 믿어라. 그 길을 당신과 함께 가기를 소원한다!

세일즈 혼

성공은 시간이 아니라 깊이다

초판 1쇄 발행 2018년 4월 20일
초판 2쇄 발행 2018년 5월 10일

지은이 최우형
펴낸이 신경렬

경영기획 김정숙·김태희
기획편집 송상미·김순란·이희은·조은애 | **디자인** 박현정
마케팅 장현기·정우연·정혜민 | **제작** 유수경

책임편집 황현주·이희은
디자인 데시그

펴낸곳 ㈜더난콘텐츠그룹
출판등록 2011년 6월 2일 제2011-000158호
주소 04043 서울시 마포구 양화로 12길 16(서교동, 더난빌딩) 7층
전화 (02)325-2525 | **팩스** (02)325-9007
이메일 book@thenanbiz.com | **홈페이지** www.thenanbiz.com

ISBN 978-89-8405-930-6 03320